総合判例研究叢書

刑　法 (7)

傷害および暴行……………………………下 村 康 正

有　斐　閣

序

フランスにおいて、自由法学の名とともに判例の研究が異常な発達を遂げているのは、その民法典が百五十余年の齢を重ねたからだといわれている。それに比較すると、わが国の諸法典は、まだ若い。最も古いものでも、六、七十年の年月を経たに過ぎない。しかし、わが国の諸法典は、いずれも、近代的法制を全く知らなかつたところに輸入されたものである。そのことを思えば、この六十年の間に極めて重要な判例の変遷があつたであろうことは、容易に想像がつく。事実、わが国の諸法典は、それに関連する判例の研究でこれを補充しなければ、その正確な意味を理解し得ないようになつている。

判例が法源であるかどうかの理論については、今日なお議論の余地があろう。しかし、実際問題として、多くの条項が判例によつてその具体的な意義を明かにされているばかりでなく、判例によつて特殊の制度が創造されている例も、決して少くはない。判例研究の重要なことについては、何人も異議のないことであろう。

判例の創造した特殊の制度の内容を明かにするためにはもちろんのこと、判例によつて明かにされた条項の意義を探るためにも、判例の総合的な研究が必要である。同一の事項についてのすべての判決を探り、取り扱われた事実の微妙な差異に注意しながら、総合的・発展的に研究するのでなければ、判例の研究は、決して終局の目的を達することはできない。そしてそれには、時間をかけた克明な努力を必要とする。

幸なことには、わが国でも、十数年来、そうした研究の必要が感じられ、優れた成果も少くないようになつた。いまや、この成果を集め、足らざるを補ない、欠けたるを充たし、全分野にわたる研究を完成すべき時期に際会している。

かようにして、われわれは、全国の学者を動員し、すでに優れた研究のできているものについては、その補訂を乞い、まだ研究の尽されていないものについては、新たに適任者にお願いして、ここに「総合判例研究叢書」を編むことにした。第一回に発表したものは、各法域に亘る重要な問題のうち、研究成果の比較的早くでき上ると予想されるものである。これに洩れた事項でさらに重要なもののあることは、われわれもよく知つている。やがて、第二回、第三回と編集を継続して、完全な総合判例法の完成を期するつもりである。ここに、編集に当つての所信を述べ、協力される諸学者に深甚の謝意を表するとともに、同学の士の援助を願う次第である。

昭和三十一年五月

編集代表
小野清一郎　宮沢俊義
末川　博　我妻　栄
中川善之助

凡　例

一　判例の重要なものについては、判旨、事実、上告論旨等を引用し、各件毎に一連番号を附した。

二　判例年月日、巻数、頁数等を示すには、おおむね左の略号を用いた。

大判大五・一一・八民録二二・二〇七七　（大審院判決録）

（大正五年十一月八日、大審院判決、大審院民事判決録二十二輯二〇七七頁）

大判大一四・四・二三刑集四・二六二　（大審院判例集）

最判昭二二・一二・一五刑集一・一・八〇　（最高裁判所判例集）

（昭和二十二年十二月十五日、最高裁判所判決、最高裁判所刑事判例集一巻一号八〇頁）

大判昭二・一二・六新聞二七九一・一五　（法律新聞）

大判昭三・九・二〇評論一八民法五七五　（法律評論）

大判昭四・五・二二裁判例三・刑法五五　（大審院裁判例）

福岡高判昭二六・一二・一四刑集四・一四・二一一四　（高等裁判所判例集）

大阪高判昭二八・七・四下級民集四・七・九七一　（下級裁判所民事裁判例集）

最判昭二八・二・二〇行政例集四・二・二三一　（行政事件裁判例集）

名古屋高判昭二五・五・八特一〇・七〇　（高等裁判所刑事判決特報）

東京高判昭三〇・一〇・二四東京高時報六・二・民二四九　（東京高等裁判所判決時報）

札幌高決昭二九・七・二三高裁特報一・二・七一　（高等裁判所刑事裁判特報）

前橋地決昭三〇・六・三〇労民集六・四・三八九　（労働関係民事裁判例集）

その他に、例えば次のような略語を用いた。

裁判所時報＝裁　時　家庭裁判所月報＝家裁月報

判例時報＝判　時　判例タイムズ＝判　タ

目次

傷害および暴行

下村康正

判例索引

傷害および暴行

下村康正

本研究は、もとより、題名の示すごとく、傷害・暴行に関する判例を取扱つたものである。現行法典中、傷害或は暴行の概念が用いられている場合は数多い。しかも、その中心は第二七章傷害の罪にある。従つて、暴行概念につき、四種の意義を掲げたほかは、すべて条文の順序に従つて判例を処理した（猶この際判文引用の刑録刑集等の頁数は当該判文の存する箇所を示し、判決の年月日のみ掲げたものの頁数は当該事案の始まる頁数を示すことに注意せられたい）。

ここに於て特に意を用いたのは、傷害罪の故意の問題及び傷害致死罪に於ける傷害と死亡との関係の問題、そして、さらに、この両者の統一的理解の問題である。これらの点については、つね日頃、大学に於ける各論の講義の際に論じ考えたことの一端を紹介して置いたが、その基本的態度は、法解釈は法的安定性と合目的性を経緯として、その相交わる点に合理的な解釈を見出すべし、とするそれである。従つて、この点に関する限り、判例の態度には批判的にならざるを得なかつた。大方の御検討をいただければ幸いである。

その他、傷害と暴行の区別は、理論的には簡単であるが、実際上は困難である。従つてこの点についてはは実例が大いに参考になるであろう。こうした意味で、冒頭にドイツ刑法に於ける傷害の概念につき註釈書から訳出して置いた。参考に供されたい。

終りに、本書に収録した判例の筆写その他に暑熱の日々多大の協力を惜しまれなかつた佐藤・明念両学士その他の人々に厚く感謝の意を表する。

一　総説

刑法は、その第二七章第二〇四条以下に『傷害ノ罪』を規定する。その内容は、傷害罪及び暴行罪であり、刑法は、これらの規定によつて、生命とは別個に人の身体を保護せんとする。けだし、人の身体に対する傷害が存在する場合でも、生命を失わないことがあるからであり、従つて、身体に対する法益と生命に対する法益とは、これを別個に観念することが妥当であるからである（斉藤金作・刑法各論（昭和三一年）二一〇頁）。

されば、判例も連続犯に関し

【1】「傷害罪ト殺人罪トハ同一条章ノ下ニ規定セラレサルノミナラス一ハ生命ニ対スル罪一ハ身体ニ対スル罪ニシテ其ノ罪質ヲ異ニスルヲ以テ連続犯トシテ処分スルコトヲ得ス」（大判大六・九・一五刑録二三・一〇一二）。

として、この点を明かにしている。これ刑法が、殺人罪と傷害罪とを別個の章下に規定する所以である。

さて、本章の罪は、（一）傷害罪（二〇四条）、（二）傷害致死罪（二〇五条）、（三）現場助勢罪（二〇六条）、（四）同時傷害罪（二〇七条）、（五）暴行罪（二〇八条）に細分される。以下、右の順序に従つて叙述して行くことにする。

二　傷害罪

本罪は、いうまでもなく、人の身体を傷害することによつて成立する。客体は自然人たる人であり、しかも、自己の身体の傷害が原則として罪とならざること、殺人罪に於けると同様である以上、ここにいう人が、他人を意味するものであること、これまた、疑問の余地がない。そして、また、その手段、方法の如何を問わない点も殺人罪に於けると同様である。そこで、まず、問題になるのは、『傷害』の意義である。

次に、この点から明かにして行こう。

一　傷害の意義

この点につき学説は三つに分れる。その第一は、傷害を以て、生理的機能に障害を生ぜしめるものと解し、第二は、身体の完全性を害するものとし、第三は、生理的機能に障害を生ぜしめること及び身体の外貌に重要なる変化を来たす場合をいうものとする。

(一)　第一説　例えば、岡田(朝)博士は、『傷害トハ身体ノ機能ノ悪化ヲ謂フ　(1)身体ニ機質ト機能トノ別有リ、機質ヲ損壊スト雖モ其部分及ヒ其他ノ部分ノ機能ニ悪化ヲ生セサルトキハ傷害ニ非ス、毛髪、爪端ヲ截断シ疾病創傷ヲ伴ハサル類是ナリ但シ第二〇八条ノ単純暴行罪ト為ルコト有ルヲ防ケス　(2)機質ヲ損壊セスシテ機能ヲ悪化スルコトヲ得ルヤ否ヤニ付テハ医家生理家ニ仍ホ定説無シ刑法ノ範囲ニ在リテハ必スシモ此問題ヲ解決スルコトヲ要セス、機能ヲ悪化シタル事実有ルニ於テハ機質ヲ損壊シタル証拠ヲ挙クルコト能ハサル場合ニ於テモ亦傷害ナリ剖見上脳ノ物質ノ毀損ヲ立証スル能ハサル種類ノ精神病等此ニ属ス』とされ(岡田朝太郎・刑法論各論(昭和二年)二六七頁以下)、泉二博士も、『傷害トハ身体ノ健康状態ヲ不良ニ変更スルヲ云フ必シモ外部ニ表現スル創傷アルコトヲ要セス内部ノ生理的機能ヲ害スルモ亦傷害タルヲ得可シ反之人ヲ恐怖セシムルカ加キ精神作用ノ惹起ハ傷害ニ非ス何トナレハ法律ハ之ヲ脅迫罪又ハ其他ノ特別罪トシテ規定スレハナリ然レトモ之カ為メニ脳ノ機能ヲ害スルトキハ固ヨリ傷害罪タルヲ得可シ』と主張される（泉二新熊・刑法大要三九版（昭和一七年）五七〇頁）ほか、植松教授が、『結局、傷害罪と暴行罪（二〇八条）との境界に関することであるから、両罪の刑の軽重を比較考慮して、妥当な解決を示すべきである。刑罰較量の問題を離れて、この概念内容を論ずるのは、単なる水掛論に帰する』と前置きされた上、『いま両罪の刑罰を比較すると、傷害は十年の懲役を最高とするのに、暴行罪は二年の懲役を最高とし、法定刑の下限は両罪とも科料にまで及んでいて全く等しい。傷害には瀕死の重傷や銃器や刃器によるものもあることを思えば、毛髪やひげを剃り取る行為の如きは、もしこれを傷害になると仮定しても、かなり犯情において軽いものであるといわなければならない。従つて、これを暴行罪として扱つても、最高二年までの懲役に処することができるのであるから、刑罰としては十分である。そうであるならば、「傷害」の字義に忠実に、かつ、社会における一般用語例にもかなうように、その意義を考えるに如くはない。かくて、傷害とは、生理的機能を害する行為を意味し、単に外貌を変更するが如きは暴行に過ぎないものと解するのが至当である』と述べて居られるが如きがそれで（植松正・刑法概論（昭和三一年）五九四頁以下）、学説としては従来からの有力説である（そのほか、この説に依るものとしては、例えば、小野清一郎・刑法概論（昭和二七年）三二二頁、宮本英脩・刑法大綱三版（昭和一〇年）二八三頁、斉藤金作・刑法各論二一一頁、小泉英一・刑法各論（昭和二九年）一七三頁。牧野博士も亦、本説を支持されるものと思われる。牧野英一・重訂日本刑法上巻六三版（昭和一四年）二七九頁参照。）。

（二）第二説　例えば、まず、滝川博士は、『傷害は人の身体の完全性を毀損することである。典型的のものは、実力を行使して人の身体を毀損することであるが、実力行使から生じたものに制限せられるのではない。酒に酔わすこと、嘔吐を催さすこと、性病を感染させること、処女性を失わすこと、婦人の頭髪を切ること、など身体の完全な状態に何らかの毀損を与えること、更に騒音、悪臭、光線などによつて、精神的打撃を加えることも傷害である。苦痛を与えることとか、生理的機能に毀損を与えることが必要であるかどうかについて、学説は分れている。……しかし苦痛感や生理的機能の毀損がなくとも、身体の完全性を毀損することは、すべて傷害と解すべきである（リスト四七五頁）。身体の完全性は、健康状態を不良にすることだけではなく、身体の外観を変えることによつて毀損される（木村・二四一頁）』と論ぜられ（瀧川幸辰・刑法各論（一九五二）四一頁）、また、小野博士が、従前、『傷害とは、人の身体に損傷を与へること、即ち身体の完全性を害するの謂ひである。人の生活機能に障礙を与へる場合は勿論、単に人の体軀外貌に損傷を与へることも、なほ傷害である。併しながら、極めて軽微な創傷又は人の生活機能に格別の障礙を及ぼさない部分を除去することなどは刑法上の「傷害」と謂ふべきでない』と説かれたが如き（小野清一郎・刑法講義各論五版（昭和二六年）一六九頁）、これである（そのほか、同趣旨のものとしては、瀧川幸辰外刑法コンメンタール（昭和二五年）二五五頁）。

（三）　第三説　最近の有力説で、例えば、木村博士は、『惟ふに、傷害罪の規定の目的は、人の身体の生理的機能の現状及び希望せられたる身体の外貌を保護することに在りと解すべきが故に、傷害を以つて単に生理的機能に対する障害に限ることなく更に身体の外貌に重要なる変化を加へることをも含むものと解すべきである。外貌に対する重要なる変化たるを要するが故に、単に少量の毛髪・爪の截断は之を含まないが、例へば、本人の意に反して眉を剃り落したり、女子の髷を切断するが如きは、傷害と解すべきである。身体の外貌は必ずしも衣服に因り蔽れざる身体の部分に限らない。又、生理的機能の障害の概念は現に病気の者の病状を更に悪化せしめることをも含むものと解すべきである』と説かれ（木村亀二・刑法各論（昭和一三年）二四頁以下）、江家博士も、『「傷害」とは、身体の機能を害し、または身体に不良の変更を生ぜしめることである。あるいは、身体の完全性を害することであるといつても大差はない』とされた上、毛髪やひげの切断せん除は場合によつては傷害に、また、場合によつては暴行になると論ぜられている（江家義男・刑法概論各論（昭和三一年）一六八頁以下）ほか、また、団藤教授が、『おもうに生理的機能の障害（下痢を起させたり発狂させるなど）も、身体の完全性の侵害（例えば頭髪の剃去）も、どちらも身体の傷害である。しかし、日常生活において一般に看過される程度のものは、罪の予想する違法類型にあたらないというべきである。例えば、皮膚の小部分を発赤させたり、髪の毛一本抜くなどは、傷害とはいえない』と述べられるが如きは（団藤重光・刑法（昭和二九年）三一二頁）、ここに属する（そのほか、同趣旨のものとしては、大場茂馬・刑法各論上巻（大正七年）一九二頁）。

×　×　×

次に、参考までに、ドイツに於ける『身体傷害』の概念を、シェーンケ・シュレーダーのコンメンタールから訳出しておこう（Schönke-Schröder, Strafgesetzbuch, 7. Aufl., 1954, S. 632 ff.）。

ドイツ刑法は二種の身体傷害を区別する。即ち、身体的虐待（körperliche Mißhandlung）及び健康毀損（Gesundheitsschädigung）これである（ドイツ刑法二二三条一項参照）。ここに『虐待』とは、身体の健全性（körperliche Wohlbefinden）を侵害するような、不適当な、悪しき、苛酷な取扱い（unangemessenes, übles, schlimmes Behandeln）をいう。身体的不快を惹起する一切のものが虐待になるのではなく、常に多少重要な性質の侵害がそれに当るのである（RG DR 1939, S. 365）。しかし、病人であつてもその病状を悪化させる事は虐待である（RGSt, 29 60）。よしんば多くの場合には虐待とは苦痛を与えることという結果になるとしても、しかし、他の場合にも虐待は存在しうる（RG HRR 1931 Nr. 376, LK Anm II 2a, Olshausen Anm 4 a；及び Binding Lehrbuch 1 S.43, は常に身体的苦痛の惹起を必要としている）。例えば、不快な刺戟性の酸い味をした液体を口に流しこみ、よしんば瞬間的にせよ歯の浮く感じを惹起する事や（R10 407）、更に痳菌交りの小便をかけること（RG Goltd Arch.49 274）、また、例えば、唾をはきかけて吐気を催させること（RG Goltd Arch.58 184）にも虐待は存し得る。しかし、吐気や震駭の惹起にあつては、常に、それによつて身体の健全性も侵害されたかどうかが特に入念に吟味さるべきである。身体の健全性の妨害は被虐待者によつてそれと感ぜられるものであることは必要でない。人は例えば特に無感覚にさせられたが故に斯る方法での影響を感じない場合にも虐待せられ得るのである（RGSt.19 136, Olshausen Anm. 4）。虐待は更に侵害が苦痛を惹起したかどうかを問うことなく他人の身体の不可侵性（Unversehrtheit）への干渉の如き実体侵害行為（Substanzverletzungen）にも存しうる。ここで考慮されているのは例えばまげ又は他人の毛髪の截断である（例えば、Frank Anm. I 1, Gerland s.481, v.Liszt-Schmidt S.475, Olshausen Anm.46, 66）。他の人々はこの場合を身体傷害の故で罰する事を欲しない（例えば、RGSt 29 58 まげ及び、ひげの截断に関し、但し vgl. RG DG 1939 S.365）。一九二七年草案は明文を以て虐待及び健康毀損と並んで身体的侵害を他の犯行形式として規定せんとしている（第二五九条）。

身体的接触なしの間接的な作用でも十分である。例えば、食物を与えないことや、又は、医者を呼ばぬことや、中枢神経を刺戟するにいたる急激な驚愕を惹き起すことの如し（RG Goltd-Arch.52 421）。

『健康毀損』として考えらるべきは状態の継続を考慮せずに病気を招来させ又は悪化させることとこれである（RG DR 1939 s.365）。とくに指摘せらるべきは、すでに存在する病気を悪化させ又は昂じさせることもすべて健康毀損であるし(RGSt. 19 226)、更に、また、義務違反の不作為にもとづく苦痛の昂進又は存続もそうである(RGSt. 75 165)、ということこれである。また、泥酔させること、更に例えば、失神も健康毀損たりうる(RG DR 1942 S.333)。医学にもとづかず薬剤即ち麻酔剤を処方することは身体傷害の外部的構成要件を充足する(RGSt. 77 18)。

健康毀損という概念は肉体的状態の侵害に制限されるものではない。すなわち、健康の下には肉体的健康のみが理解せらるべきではない。むしろ、精神病を惹起させ又は昂進させることこそ健康毀損たりうるのである(Gerland S. 482, LK Anm. II 2b, Mezger StuB II S.33, Olshausen Anm.5; and. Frank AnmI 2, は精神病の惹起をそれが同時に肉体的危殆を含む場合にのみ健康毀損をみんとする。vgl. auch RGSt. 64 119)。精神的影響による身体傷害については、LG Aachen NJW 1950 S. 759, 参照。

『労働力』がこの規定にもとづいて保護せられるのは次の場合に限る。すなわちそれは、その侵害が同時に身体傷害を意味する時に限る。しかし乍ら、この事は大抵は適合する。何んとなれば労働力の侵害は健康毀損を包含する。労働者が過労、ほこりの吸飲により労働力を長い間に失つた場合、これは医学的意味に於ける病気の徴候が現われていることも必要でなく健康毀損となる(vgl. Löffler. VDB 5 S. 365, Nevoigt. Der strafrechtliche Schutz der Arbeitskraft (1927) S.35)。労働能力又は職業的活動の一時的又は継続的中絶又は減退で十分である。身体的傷害を越える労働力の癈絶又は侵害に存する不法内容は刑法によつては把握されない(vgl. Bem V vor § 80)。

右の様な学説の帰趨を反映してか、わが判例の説くところ、必ずしも一定してはいないが、大体に於て第一説に従つているものと思われる。

まず、傷害の意義に関して判例は、旧法時代、すでに、

【2】「刑法ニ於ケル創傷トハ正当ノ理由ナクシテ他人ノ身体ノ現状ヲ不良ニ変更スルノ謂ナレハ血腫脹カ創傷ナルコト勿論ナリ」（大判明四二・一二・七刑録一五・一七五一）。

と述べて居り、現行刑法になつてからは、膣口哆開発赤の事案につき、

【3】「刑法ニ所謂人ヲ傷害ストハ他人ノ身体ノ現状ヲ不良ニ変更スルノ謂ニシテ必スシモ身体ノ組織ヲ物質的ニ破壊スルコトヲ要セサルナリ而シテ所論原判決判示ノ膣口哆開並ニ発赤ヲ生セシメタル行為ハ何レモ他人ノ身体ノ現状ヲ不良ニ変更シタルモノニシテ刑法第百八十一条ニ所謂人ヲ傷シタル者ナルコトヲ免レス」（大判明四四・四・二八刑録一七・七一四）。

とし、また、一時的人事不省が傷害にあたらないことを説示した中で（後出参照【23】）、

【4】「刑法ニ所謂人ヲ傷害ストハ他人ノ身体ニ対スル暴行ニ因リ其生活機能ノ毀損ヲ惹起スルノ謂ニシテ汎ク健康状態ニ不良ノ変更アリタル場合ヲ包含スルハ当院判例ノ示ス所ナリ」。

と論じて、刑法上、傷害たるには、身体組織の物質的破壊の必要なく、生理状態を不良に変更するの点が重要であることを判示し、進んで、人の健康状態に不良の変更を加える以上、たとい、傷が軽微なものであつても、傷害であるとして、

【5】「所論は原判示の傷は極めて軽微の傷で身体傷害とはいえないというのであるが軽微な傷でも人の健康状態に不良の変更を加えたものである以上刑法にいわゆる傷害と認むべきであるから原判決が原判示の傷

（下口唇部口腔粘膜裂創、右頬部及外胷及腹部爪掻傷）を傷害と認め被告人の所為をもつて刑法第一八一条に問擬したのは正当で論旨は理由がない」（最判昭二四・一二・一〇体系刑法各則Ⅲ二一八参照）。

と判示している。そして如上【5】の判例が明かにしている如く、最高裁判所になつてからもこの態度は維持されて、例えば、昭和二七年六月六日の判決は、

【6】「傷害罪は他人の身体の生理的機能を毀損するものである」（刑集六・六・四二）。

とし、また、最近では、外傷が認められないから傷害ではないとする上告論旨に対し、

【7】「刑法にいわゆる傷害とは、他人の身体に対する暴行によりその生活機能に障がいを与えることであつて、あまねく健康状態を不良に変更した場合を含むものであつて、他人の身体に対する暴行により、その胸部に疼痛を生ぜしめたときは、たとい、外見的に皮下溢血、腫張又は肋骨骨折等の打撲痕は認められないにしても、前示の趣旨において傷害を負わせたものと認めるのが相当である」（最決昭三二・四・二三刑集一一・四・一三九三）。

と答えて、これを棄却している。その他、これと同趣旨の判例としては、例えば、大審院昭和六年一二月五日判決（後出【9】参照）、大阪高等裁判所昭和二九年五月三一日判決（後出【22】参照）がある。

これらの判例をみると、一応、その立場は右学説中の第一説に符合しているのであるが、実例について検討してみると、必ずしも、そうとは言えないようである。そこで、次に、これらの実例を基礎に判例の態度を窺つてみよう。

二　傷害の事例

まず、第二説に従つた判例と思われるものを紹介しよう。すなわち、

【8】「刑法ニ所謂傷害トハ体軀ノ完全ヲ害スルノ謂ニシテ生活機能ニ障碍ヲ与フル一切ノ場合ヲ包含ス而

シテ身体ノ生理組織中ニハ毛髪鬚髯爪端ノ如キ之ヲ切断剪除スルモ生活機能ニ何等ノ障碍ヲ来タササルモノアルモ其他ノ部分ハ之ニ不良ノ変更ヲ加フル以上ハ常ニ必ス生活機能ノ障碍ヲ惹起スルヲ以テ其不良ナル変更ヲ加ヘタル所為ハ体軀ノ完全ヲ侵害シタルモノト謂ハサルヘカラス処女膜ハ婦女ノ身体ニ於ケル生理組織ノ一部ヲ成スモノニシテ毛髪鬚髯爪端ノ如キハ生活機能ニ何等ノ障碍ヲ惹起スルコトナクシテ之ヲ切断剪除シ得ルモノト其選ヲ異ニスルヲ以テ処女膜ヲ裂傷スル所為ハ生活機能ニ障碍ヲ与フルモノニ外ナラスシテ婦女ノ体軀ノ完全ハ之カ為メニ害セラルルコト論ヲ竢タス従テ不法ノ攻撃ニ依リテ之ヲ裂傷スルニ於テハ刑法上傷害ノ罪責ヲ免レサルモノトス」(大判大三・七・四刑録二〇・一四〇九)。

【9】「刑法ニ所謂傷害トハ体軀ノ完全ヲ害スルノ謂ニシテ生活機能ニ障碍ヲ与フル一切ノ場合ヲ包含スヘキコトハ夙ニ当院ノ判例トシテ示ス所ナリ原判示ニ依レハ被告人ハ其ノ妻サンニ対シ暴行ヲ加ヘ因テ同人ノ右顳顬部ニ於テ表皮剝脱及背部右肩胛部ニ於テ上剝脱皮下溢血ヲ被ラシメタルモノナレハ右行為ハ人ノ身体ヲ傷害シタルモノニシテ傷害罪ヲ構成スルモノトス此ノ趣旨ニ出タル原判決ハ正当ナリ」(大判昭六・一二・五評論二一刑訴三八)。

右二つの判決は、いずれも、その中で『傷害トハ体軀ノ完全ヲ害スル』と判示している点からみて、第二説に依つていること明瞭であり、同趣旨のものとしては、更に、大正四年五月二四日判決(刑録二一・六六二)があるが、しかし、内容必ずしもそうとばかりはいえず、その反面、生理的機能を害するものと判示されている以下の諸例の中にも仔細に検討してみると、厳格な意味で生理的機能を害しているものとはいえないようなものもあるので、この点からすると、判例の態度は必ずしも一貫していないものといえよう。

次に、逐次、傷害の事例を挙げて行こう。旧法関係のものとして、まず、打撃、強圧、摩擦等に因る充血を創傷としたものがある。

【10】「打撃強圧摩擦等ニ因ル充血ハ一種ノ皮下溢血ニシテ人体ニ於ケル組織分子ノ毀裂ヨリ発スルモノニシテ人体ノ創傷ナルヤ勿論ナレハ其充血カ何故ニ創傷ナルヤノ如キハ必スシモ之ヲ判決ニ明示セサルヘカラサルモノニアラス」（大判明四〇・五・二八刑録一三・五一六）。

次いで、病毒を他人に感染させる行為を傷害としたものには、旧法関係のものに、

【11】「病毒ヲ他人ニ感染セシムル行為ハ法律上之ヲ成傷ト認ムヘキモノトス従テ不法姦淫ノ結果人ニ病毒ヲ感染セシメ疾病休業ニ致シタル所為ハ姦淫成傷罪（刑法第三百五十一条）ヲ構成ス」（大判明四一・二・二五刑録一四・一三四）。

があり、現行法関係では、

「被告人は白竜子と称して桐生市本町表通り帝国銀行前道路上及び同市本町五丁目四六番地平井三樹雄方二階で易占を業としているものであつて、急性リン菌性尿道炎にかかつているものでこれは自覚症であるのに、昭和二十四年七月十八日、同月二十三日、八月十四日、同月二十七日、九月七日、同月十四日の六回に右平井三樹雄方二階へ易を占つて貰いに来た生方とみ子（昭和四年三月三十日生）に対して、あなたは処女性を失つている、小学校当時陰部をいたずらしたことがあるのなら将来立派な処女として結婚できるように自分がよけをしてあげる、と云つて同女の外陰部に被告人の陰茎を押し当て、このために同女をして淋菌性子宮内膜炎の疾病を生ぜさせたものである。」

という事実に対し、

【12】「傷害罪は他人の身体の生理的機能を毀損するものである以上、その手段が何であるかを問わないものであり、本件のごとく暴行によらずに病毒を他人に感染させる場合にも成立するのである。従つて、これと見解を異にする論旨は採用できない」（最判昭二七・六・六刑集六・六・四二）。

と判示して、性病を感染させる懸念のあることを認識しながら、婦女に対し詐言を弄し病毒を感染させた場合を傷害罪としているものがある。その他、血腫脹を創傷としたものに、前出【2】の判例があり、また、腫脹に関し、

【13】「旧刑法ニ所謂創傷トハ刑法ニ所謂傷害ト同シク身体ノ生理的機能ヲ毀損スルノ謂ニシテ身体ニ於ケル生理状態ヲ不良ニ変更スルコトヲ汎称スルモノニ外ナラサレハ其不良ノ状態カ身体ノ内部ニ発生スルト其外部ニ発生スルトヲ問ハサルモノトス故ニ腫脹ノ如キハ身体ノ内部ニ於ケル筋肉組織ニ不良ノ変更ヲ発生シタルモノナレハ縦令医学上ノ所謂創傷ニ該当セストスルモ法律上之ヲ創傷ト謂フヲ妨ケス」(大判明四三・四・四刑録一六・五一七)。

があるほか、傷害の事例としては、猶、以下のものがある。すなわち、

膣口哆開並びに発赤を生ぜしめた行為につき、前出【3】の判例があり、処女膜裂傷については、

【14】「顧フニ人ノ処女膜ヲ裂傷スルハ即チ人ノ身体ヲ傷害シタルモノニ外ナラス故ニ十三歳未満ノ幼女ヲ姦淫スルニ因テ其処女膜ヲ裂傷シタル以上ハ刑法第百七十七条ノ罪ヲ犯スニ因テ人ヲ傷害シタルモノニシテ刑法第百八十一条ニ該当スルコト明ナリ蓋シ刑法第百七十七条ノ罪ヲ犯ス者カ暴行ニ因テ人ヲ死傷ニ致シタルハ暴行ニ因ラヌ姦淫其物ニ因テ人ヲ死傷ニ致シタルト択フ所ナク斉シク同法第百八十一条ノ適用ヲ受クヘキモノナレハ十三歳未満ノ幼女ヲ姦淫シ姦淫其物ニ因リ其処女膜ヲ裂傷スル行為カ同条ノ適用ヲ受クヘキハ当然ナルヲ以テナリ」(大判明四四・三・九刑録一七・三四二)。

がある外、前出【8】の判例がある。

次に、疲労倦怠もしくは胸部の疼痛をもつて傷害としたものに、

「原判決ノ援用シタル斎藤楢夫ノ検案書ニ依レハ小川健吉ハ「全身ニ疲労倦怠ヲ覚ユ他覚的異常ナシ」トア

リテ疲労倦怠ノ傷害ニアラサルコトハ明白ナリ又福田文雄ハ「吸気ニ際シ胸部ニ疼痛アリ他覚的内部外表ニ異常ヲ認メス恐ラク軽度ノ挫傷ナリヤ否ヤニ関シテ疑ヲ存シ之ヲ以テ挫傷ナリト確言セス即チ之ニ因リテ直チニ傷害ナリト判定スヘキモノニアラス要スルニ原判決ハ（中略）証拠ヲ誤解シテ罪トナラサル行為ニ対シテ有罪ノ判定ヲ為シタルハ不法アルモノトス」

とする上告論旨に対し、これを棄却した、

【15】「検案書ノ記載ハ所論ノ如シト雖モ疲労倦怠若クハ胸部ノ疼痛ハ機能運動ノ障害ニ外ナラサルヲ以テ傷害ト云フニ敢テ妨ケナシ」（大判大一一・一〇・二三評論一一刑法四〇一）。

があるし、人体の皮膚の表皮を剝離することにつき、

【16】「人ノ体軀ノ皮膚ハ生活機能ノ健全ヲ保護スルニ必要ナルモノニシテ其ノ表皮ヲ剝離スルトキハ生活機能ニ障害ヲ与フルモノナレハ刑法ニ所謂身体傷害ヲ生シタルモノト認ムヘキモノナリ」（大判大一一・一二・一六刑集一・八〇一）。

とするものがある。また、暴行を加え表皮剝脱、皮下溢血せしめた行為については、前出【9】があり、中毒症状を惹起し、めまい嘔吐させたものにつき、

【17】「原判決ノ認定スルトコロハ被告人ノ判示行為ニ因リ毒物ノ混入セラレタル飲料水ヲ使用シテ炊事シタル飯及汁ヲ喫食シタル某ヲシテ中毒症状ヲ惹起シ且眩暈嘔吐ヲ為スニ至ラシメタリト云フニ在リ而シテ中毒症状ヲ惹起シ且眩暈嘔吐ヲ為スカ如キハ人ノ健康状態ヲ不良ニ病的ニ変更スルモノニシテ刑法上人ノ身体ヲ傷害シタルモノニ外ナラサルモノトス」（大判昭八・六・五刑集一二・七四四）。

があり、更に、湖中に突き落し失神状態に陥らせた事案につき提出された、

「原審判決ハ事実摘示ニ於テ失神状態ニ陥ラシメタリト判示シ之ニ傷害罪ノ適用ヲ以テセリ然レトモ全証拠ニヨルモ失神状態ニ陥リ傷害ヲ負ハシメル程度ニナリタリトノ事実ヲ認ムルヲ得ス即原判決ハ証拠ニヨラスレ

テ事実ヲ認定シタル違法アリ」

とする上告論旨に答えた、

【18】　「原判決ハ被告人カ赤堀巡査外一名ヲ湖中ニ突落シテ各失神状態ニ陥ラシメタルコト自体ヲ以テ傷害ト認メタルモノニシテ右判示行為自体ハ刑法第二百四条ニ所謂人ノ身体ヲ傷害シタルモノニ外ナラス而シテ被告人カ赤堀巡査外一名ヲ湖中ニ突落シテ各失神状態ニ陥ラシメタル事実ハ原判決挙示ノ証拠ニ依リ優ニ之ヲ認メ得ルヲ以テ原判決ハ所謂ノ如ク証拠ニ依ラスシテ事実ヲ認定シタル違法アルモノニ非ス論旨ハ理由ナシ」（大判昭八・九・六評論二二刑訴二五二）。

があり、右眼の充血及びその周辺の腫脹に関するものには、

【19】　「右眼ノ充血及其ノ周辺ノ腫脹ハ人ノ生活機能ニ対スル障礙ニ外ナラサルヲ以テ刑法第二百四条ニ所謂傷害ニ該当スルコト疑ヲ容レス」（大判昭八・一二・一六評論二三刑訴六二）。

そして、下顎架橋義歯の転移に基く歯齦炎症に関しては、

【20】　「義歯（総入歯）の折損自体が傷害罪を構成しないことは論旨の通りであると思う。しかしながら原判決の事実摘示と挙示の証拠とを対比熟読するときは、原判決が本件傷害罪の構成要件として認定した事実は、被告人が長島静代の顔面を殴打し下顎架橋義歯の転移に基く歯齦炎症を生ぜしめた点のみであつて、同判決文中その直前に記載されてある同女の上顎義歯の左右中切歯二本を折損しとある辞句は義歯（上顎総入歯）折損もまた傷害罪を構成するとの見解のもとに書かれたものではなく、被告人の同女に対する殴打の程度特にその殴打が下顎架橋義歯の転移による歯齦炎症を生ぜしむるに足る程度のものであつたことを間接に表示せんがため、構成要件以外の右事実をもことの成り行きに則して記載したものに過ぎないと解するを正当とするから原判決には所論の如き法令適用についての誤りはない」（福岡高判昭二五・九・一三高裁刑特報一三・一五七）。

がある。また、陰部附近に皮下結締織炎を生じさせたものに関し、

【21】「被告人は原判示第三の如く守谷幾恵を強姦するに際し同女の陰毛を握り摑んで強く引張つたため陰部左側の毛根が弛緩し皮膚と筋肉の間を結ぶ組織即ち皮下結締組織が炎症を起した事実（毛根部と皮下組織との緊着力が不十分となり且該部位の皮膚が赤く腫れ軽度の接触で疼痛を感ずる状態、全治約三週間）を認め得るところ刑法上傷害とは不法に人の身体に損害を与えることを汎く指すものと解すべきであるから、右の如く陰毛を引張るの暴行により陰部附近に皮下結締織炎を生じさせた場合もまた人の身体に傷害を与えた場合に該当するものと謂わなければならない。所論の如く病理学上炎症自体は外部よりの物理的化学的或は電気細菌等による刺戟に対する生理的自然的反応であつて傷そのものではないとしても、右の場合被害者の身体の一部に損害を与えたことは明かであり、原判決が被告人の本件行為を強姦致傷に問擬したのは蓋し相当である」（高力昭二九・一・二二高裁刑集七・三・二三四）。

がある。

更に、陰毛の引き抜きに関し、

【22】「刑法にいわゆる傷害とは、人の体軀の生活機能を毀損することをいい、身体に於ける生理状態を不良に変更する一切の場合を汎称するものであるところ、陰毛の毛根部分を残し毛幹部分のみを截取するいわる単に引きちぎるだけでは生理状態に不良の変更がないから傷害とはいえない。（大審院明治四十五年六月二十日判決、十八輯八九六頁、抄録五二巻五八九七頁、大審院刑事判例要旨集刑法四八九頁）。しかしこれと異なり、陰毛の毛根の部分から脱取してなすいわゆる引き抜く場合は傷害となるものと解すべきものである。けだし人の毛髪の毛根部分は毛嚢に包まれて深く皮膚の真皮内にはいり込み、下端の乳頭は膨大して毛球をなし内腔を有し、血管・神経を容れているのであるから、これを引き抜くときはこの血管神経を破壊し表皮を損傷することと明らかで、これ身体に於ける生理状態を不良に変更し、生活機能を毀損するものというべきであるか

らである。然らば原判決が陰毛を引き抜き健康状態に不良の変更を加えたことを認定している以上、これを以て傷害と断定したことに誤はない。」（大阪高判昭二九・五・三一高裁刑集七・五・七五五）。

旨の判決があり、また、火傷に関するものとして、古く明治三一年五月五日判決（刑録四・四）がある。これらをみると、前述の如く、中には、生理的機能に影響のないようなものもあり、判例の採用する標準が、決して、つねに、同一のものではないことを示している。

三 傷害にあたらない事例

次に、傷害にあたらないものとされた事例には、人の毛髪鬚髯を截断もしくは剃去する行為（後出暴行罪【154】参照）があり（大判明四五・六・二〇刑録一八・八九六）、また、精神的に影響を及ぼすべき打撃を加え、一時人事不省に陥らせたが、これがため身体に故障を来さない場合と判断された、

「被告ハ（中略）重山ミノ（当年十六年）カ只一人馬ヲ牽キ行クヲ見テ劣情ヲ催シ同人ヲ強姦セント決意シ突如同人ニ対シ其ノ後方ヨリ飛ヒ行キ其頸部ヲ被告ノ両手ヲ以テ締メミノカ其為メ気絶シタルニ因リ淫行ヲ遂ケスシテ逃走シ次イテミノヲシテ約三十分間人事不省ニ陥ラシメタルモノナリ」

という事実に対する

【23】「刑法ニ所謂人ヲ傷害ストハ他人ノ身体ニ対スル暴行ニ因リ其生活機能ノ毀損ヲ惹起スルノ謂ニシテ汎ク健康状態ニ不良ノ変更アリタル場合ヲ包含スルハ当院判例ノ示ス所ナリト雖他人ニ対シ暴行ニ因リ其精神身体ニ影響ヲ及ホスヘキ打撃ヲ加ヘ之ヲシテ一時人事不省ノ状態ニ陥ラシメタルモ被害者カ忽チ心神回復シ其精神身体ニ何等ノ障碍ヲ遺ササル場合ノ如キハ之ヲ以テ直ニ健康状態ノ不良変更アリト云フヲ得サルナリ蓋シ広ク傷害トハ器械的暴力ニ因リ身体ノ一部或ハ其ノ官能ヲ損傷スルノ謂ニシテ必スシモ身体ノ組織ヲ物質的ニ

破壊スルコトヲ要セサルヲ以テ他人ニ対シ暴行ニ因リ精神身体ニ影響ヲ及ホスヘキ打撃ヲ加ヘ人事不省ノ状態ニ陥ラシメタル場合ハ観念上ニ於テハ其官能ノ傷碍ニ因ル精神的傷害アリト云フコトヲ得サルニ非ルモ其ノ人事不省カ直ニ回復シ毫モ障碍カ残存セサルニ拘ラス尚之ヲ健康状態ノ不良変更ヲ来シタルモノトシテ傷害罪ノ対象ト為スカ如キハ社会ノ通念ニ照シ到底之ヲ認容シ難キ所ナレハナリ従テ他人ニ対シ精神的ニ影響ヲ及ホスヘキ打撃ヲ加ヘ一時人事不省ニ陥ラシメタルモ之カ為メニ身体ニ故障ヲ来ササルトキハ刑法ニ所謂他人ヲ傷害シタルモノトシテ之ヲ論スルコトヲ得サルモノトス然ルニ原判決ハ被告ノ強姦致傷ノ事実ヲ認定スルニ当リ単ニ被害者カ約三十分間人事不省ニ陥リタル旨ヲ判示シタルノミニシテ被害者ハ身体ノ何レニ障碍ヲ受ケタルカヲ明確ニスル所ナキヲ以テ所論ノ如ク理由不備ノ違法アルノミナラス之ヲ記録ニ徴スルニ其事実認定ニ重大ナル誤謬アルコトヲ疑フニ足ルヘキ顕著ナル事由アルコトヲ認ムルナリ」（大判大一五・七・二〇評論一五刑法二八九）がある。

これらの例は、前述学説の第二、第三によれば、傷害にもなりかねない場合であるが（現に第一説によられると思われる、牧野博士でさえ、この後者については、『予輩ハ、傷害ノ結果ノ発生アルモノト為スニ十分ナリト解ス』と述べられている（牧野英一・重訂日本刑法下巻二七九頁））、判例が、こうして、これらを傷害に非ずとするところを見れば、その基本的立場は、やはり、生理的機能の障碍惹起に傷害をみるものといってよいであろう。

四　傷害罪の故意

旧刑法は、現行刑法の傷害罪にあたる場合を『殴打創傷ノ罪』とし、その第二九九条以下で詳細に規定を設けていたが、この殴打創傷という言葉から理解されるのは、暴行を加えて人を傷ける、ということであり、ここから、本罪を以て、暴行の故意を以て犯さるる結果的加重犯とする見解を生じ、暴行の故意さえあれば、よつて発生した結果についても当然責を負うべきものと解されていた（尤も、結果的加重犯と解した場合でも、正しくは、結果について過失が必要であることについては後述傷害致死罪の項参照）。

されば、判例も、例えば、

【24】「殴打罪ハ犯人ニ於テ被害者ヲ創傷スルノ意思アルト否トヲ論セス結果ニ依テ其罪ヲ構成スルモノナルカ故ニ殴打致死ノ場合ニ於テ其殴打ヲ教唆シタルモノハ即殴打致死罪ノ教唆者トシテ処断ス」（大判明二九・五・一八刑録二・五・一二〇）（同趣旨大判明三三・五・一）（三・五刑録六・一〇）。

と説いていたのであるが、現行刑法になると同時に、『殴打創傷ノ罪』は『傷害ノ罪』と改められ、内容も、旧刑法の規定の詳細なるに比較し、極めて簡素化されたのであつた。然るに、現行刑法になつてからも、判例は、依然、旧刑法時代の解釈そのままに、結果的加重犯説を固持し、この点に於いては、その態度を一貫している。併しながら、学説は、逐次、事態を正確に把握するようになつて来ており、後述するように、判例の立場は、猶、それを支持するものの多いにも拘らず、厳しく批判せられるに至つている。以下、まず、判例の一貫した態度を実証し、次に、学説を掲げて、その当否を検討することにする。

現行刑法傷害罪についての最初の判例は、

【25】「苟モ他人ノ身体ニ暴行ヲ加ヘタル以上ハ其結果ニ付キ責任ヲ負ハサル可カラサルハ事理ノ当然ナルカ故ニ傷害ヲ生セシムルノ意思ヲ以テ傷害罪ノ構成要素ト為スカ如キハ立法ノ精神ニアラサルコト勿論ナルノミナラス刑法第二百四条同第二百五条同第二百八条等ノ法文ヲ対照セハ故意ニ暴行ヲ加ヘタル以上ハ傷害ヲ予期スルト否トニ拘ハラス傷害ノ結果ヲ生シタルト否トニ因リ其制裁ヲ区別シタルモノナルコト自ラ明ナリ」

（大判明四二・四・一五刑録一五・四四三）。

と論じて、まず、旧刑法時代と同様の立場をとり、次に、また、同じく、

【26】「傷害罪若クハ傷害致死罪ナルモノハ所謂結果罪ノ一種ナルヲ以テ本罪ノ構成ニハ犯人ニ於テ其原因タル可キ行為ヲ為スノ意思アルヲ以テ足リ其結果ニ対スル故意アルコトヲ要スルモノニ非ス」（大判明四三・三・八刑録一六・三九五）。

と説いて、態度の不変なることを示し、爾後逐次、同趣旨の判決を重ね（すなわち、大判明四三・一二・九刑録一六・二一三九、大判大六・三・二四刑録二三・二三九、大判大一一・一二・一六刑集一・七九三、大判大一二・一〇・一六新聞二一八一・二〇、大判昭四・二・四刑集八・四一、大判昭四・六・一七評論一八刑法二四三）、最高裁判所になつてからも、同様、

【27】「原判決においては、被告人が逃げかけておるとき後から首を捕えられたので手で払いのけたことの供述を証拠として掲げてある。これによつて、暴行の意思を認定したのは、肯定し得るところである。論旨は、傷害の犯意は認められぬと主張するが、暴行の意思あつて暴行を加え傷害の結果を生じた以上、たとえ傷害の意思なき場合と雖も、傷害罪は成立するものといわねばならぬ。従つて原判決には、証拠によらずして傷害の犯意を認めた違法はなく論旨は理由がない」（最判昭二二・一二・一五刑集一・八一）。

と判示しているし（猶、この判決については、草野豹一郎・傷害罪の犯意（昭和二四年）新報五六巻五号三五六頁、団藤重光・福田平・傷害罪の犯意（昭和二四年）判研一巻五六頁、福田平・傷害罪における故意・刑釈七巻（昭和二六年）二一〇頁参照）、高等裁判所もまた、

【28】「本罪の成立には、暴行により傷害の結果が発生することを必要とするが、傷害の結果に対する認識を必要としない」（東京高判昭二五・六・一〇高裁刑集三・二・二二二）。

と述べて、歩調を一にしている（同趣旨、最判昭二五・一一・九刑集四・一一・二二三九。この判決については、小野清一郎・傷害罪における故意および因果関係・刑釈一二巻（昭和二九年）二三三頁以下参照）。

右の如く、傷害罪の故意につき判例の態度は一貫して、暴行の故意で足りる、としているが、この

点について学説は如何なる見解を示しているであろうか。実は、この問題は、刑法第二〇五条の傷害致死罪との統一的解釈を必要とするものと思われるが、まず、最初に学説を紹介し、次にこれを批判することにしよう。それには、学説を、一応、(一) 結果的加重犯説、(二) 故意犯説、(三) 故意犯原則説 (結果的加重犯例外説) の三者に分つのが便利である。

(一) 結果的加重犯説　従来の通説である。この説によれば、傷害罪は本来結果的加重犯であり、従つて、基本たる暴行の故意があつて傷害の結果を発生せしむれば、傷害罪になると解する。この説の根拠は、単純暴行(二〇八条)と過失傷害(二〇九条)との刑の権衡を考慮する点にある。すなわち、もし傷害罪を故意犯と解し、傷害の結果について認識を必要とすることになると、ここに、暴行の故意で行為し傷害の結果を発生させた者がある場合、傷害の点については認識を欠くから、過失傷害として処罰するの外なく、その刑は五百円以下の罰金又は科料に止まるのに、傷害の結果を発生させなかつた場合は反つてその刑重く二年以上の懲役若くは五百円以下の罰金又は拘留若くは科料に処せられることとなり、刑の不権衡を生ずるから、傷害の結果について認識のない場合でも苟も暴行の故意があれば傷害罪の成立を認めるべきであるとする。試みに、一、二の学者の見解を示せば、先ず、泉二博士が、「本罪ノ成立上必要ナル意思要素ハ他人ノ身体ニ対シ不法ノ影響ヲ及ホス可キ性質ヲ有スル行為ヲ為スコトニ付テ認識アルヲ以テ足リ傷害ノ結果ヲ生スルコトノ認識アルヲ要セサルモノトス判決例亦此見解ヲ採用ス従テ例ヘハ暴行ノミノ意思アルニ拘ラス傷害ノ結果ヲ生シタル場合ニモ本罪ノ成立ヲ認ム可キモノニシテ過失傷害罪ト為ス可キモノニ非ス蓋暴行意思ノ存スル以上ハ傷害ノ結果ノ有無ニ因リ第二百四条ト第二百八条トノ適用ヲ定ム可キハ両条ノ対照上之ヲ窺知スルニ難カラス且既ニ基本行為（殊ニ暴行）ニ付テノ認識アルニ拘ラス傷害ノ結果ニ付テ認識ナキノ故ヲ以テ過失傷害ヲ以テ之ヲ論セントセハ第二百八条ト第二百九条トノ刑ノ権衡ヲ無視スルノ結論タルヲ免レサルナリ、故ニ本罪ハ加重結果犯（準故意犯）ノ一種タルコト明白ナリ。然レトモ傷害ノ結果ヲ認識スル場合ニ於テモ亦本罪ノ成立ヲ妨ケス」と主張され（泉二新熊・刑法大要三九版（昭和一七年）五七〇頁以下）、また、滝川博士も、『刑法は原則として故意による行為を罰する（三八条一項）。傷害罪についていうと、人を傷害することを欲して、または、欲してはいないが、傷害の生ずることを認識しながら、その認識が行為を抑制する動機となることなく、暴行を行うたときに、傷害罪の故意が認められる。傷害の故意をもつて行為に出たが、傷害の結果が発生しなかつた場合は、傷害罪は未遂である』と説明されるもの（瀧川幸辰・刑法各論（一九五二）四三頁）、結局、『ところが一方、傷害罪については未遂を罰する規定がなく、他方、二〇八条は、暴行を加えた者が人を傷害するに至らなかつたときは暴行罪として罰するとなつている（二〇八条）。こうしたことから、暴行の故意をもつて暴行を加えた者が、暴行を乗越えて人を傷害した場合は傷害罪（二〇四条）になる、と推論せざるをえない。もし傷害の故意を必要とするならば、かような場合は暴行罪（二〇八条）と過失傷害罪（二〇九条）との想像的競合をもつて論ずることになるはずだが、それでは、「人を傷害するに至らなかつたときは」という二〇八条の規定の趣旨にそわない。そう考えると、二〇四条の傷害罪は暴行の故意をもつて行われることで足り、傷害の結果が発生したか発生しなかつたかによつて、二〇四条と二〇八条との適用が定まると解釈するのが妥当である。傷害罪は結果的責任の一場合であるという結論になる』とされる(同書同頁)が如き、いずれもその例であり、多くの学説も、大同小異、この種の説明を加えている(例えば、団藤重光・刑法(昭和二九年)三一三頁、江家義男・刑法概論(各論)(昭和三一年)一六九頁、小野清一郎他刑法コンメンタール(昭和二七年)三五六頁。尤も、等しく、暴行の故意による場合を結果的加重犯と解するものの中でも、これを、純然たる結果的責任と考えず、重い結果についての過失を必要とするものもある。例えば、小泉英一・刑法各論(昭和二九年)一七四頁瀧川他刑法コンメンタール(昭和二五年)二五五頁。この点については、後述傷害致死罪の故意のところを参照せられたい)。

尤も、中には、傷害が暴行に因る場合は、右通説に従うも、別に、暴行以外の方法に因る場合の傷害を認め、この場合には当然傷害の予見を必要とするとする見解もあり、例えば、宮本博士は、『傷害が暴行に因らない場合、例えば腐敗した飲食物を供して下痢を起さしむる如きは、不確定的にも腹痛等の予見あることを要する。之なきときは過失傷害に過ぎない』と説かれ、(宮本英脩・刑法学粋(昭和五年)五四八頁、前記江家博士も同様の説明をされている。同書一六九頁)、植松教授も、『なんら暴行を伴わない傷害もあり得る。毒物によって疾病を起させる場合などは、その例にあたる。かような場合には、傷害の結果について故意がなければ、過失傷害となるに過ぎないが、故意があれば、傷害罪になる。すなわち、暴行に基づかない傷害は、結果の予見あるときに、はじめて傷害罪となる』と論じられているが(植松正・刑法概論(昭和三一年)五九七頁)、いずれにせよ、暴行の故意による場合を結果的加重犯と解し、これを傷害罪の主たる場合とされる点では同一のものと思われる(この点につき木村博士は次の様に批判される。すなわち、『通説及び判例の看過した点を明白にし暴行以外の行為に因る傷害の場合を考慮した点は達見たること明であるが、何故に暴行に因る傷害を結果的加重犯と解し暴行以外の方法に因る傷害を故意犯と解し両場合を区別するかは明白でない。』と。同博士、刑法各論(昭和一三年)二五頁以下。)。

(二)　故意犯説　この説によれば、傷害罪はすべて故意犯であって結果的加重犯ではないとされ、結果責任的な思考は前世紀の遺物として排斥され、暴行の故意による傷害の場合については、前記通説の批判を排し、暴行罪と過失傷害罪との想像的競合と解することにより、刑の不権衡論に対抗する。例えば、木村博士は、右結果的加重犯説の批判に対し、『然し、刑の不権衡論には根拠がない。何となれば、暴行につき認識あり、傷害につき認識なくして傷害の結果を成立せしめたる場合は単純暴行と過失傷害との想像的競合と解すべきであり、然る時は其の刑が単純暴行との間に不権衡を生ずることは在り得ないからである』と答えられた後、『のみならず、第一説（結果的加重犯説＝筆者註）に於ては、暴行以外の行為に因つて傷害を生ぜしめた場合についても矢張り傷害の点につき認識を必要とせざるか否かが明白でない』と反論された上、（猶、この両者を区別する見解についての木村博士の批判（結果的加重犯説末尾）を参照せられたい）『寧ろ、統一的に、暴行に因る傷害の場合も傷害につき故意を要すると解すべきであ』り、この見解こそ、『結果的加重犯という原始的な結果責任の遺物的思想を克服し、近代刑法の原理たる責任主義を徹底せしめると同時に、傷害の意思を以つて傷害したる場合と其の意思なくして傷害したる場合とを無差別に取扱うことの不合理を除去するものとして妥当である』と説かれ（木村亀二・刑法各論二五頁以下）、また、小野博士も、『刑法の一般原則からいつて、法文上特に結果的責任の意味を示さない傷害罪については、やはり故意犯と解するのが正しい。勿論、暴行が傷害の結果を生ずる危険のあるものである場合には、そのような暴行をする者は少くとも未必的な傷害の意思があるものといえよう。問題は、傷害の意思の認められない、極く軽微な暴行から傷害の結果を生じた場合に生ずる。後の考えによると、これは暴行罪（刑二〇八条）と過失傷害罪（刑二〇九条）との競合として処理しなければならないことになる（過失がなければ、暴行罪だけである）。ここに若干の疑問がある。けれども、私の定型的因果関係論によれば、因果関係といつても単一のものではない。傷害罪としての因果関係と過失傷害罪としての因果関係とはおのずから別個のものである。一方において二〇八条の「人ヲ傷害スルニ至ラサル」という構成要件を適用し、他方において二〇九条の「人ヲ傷害シタル」という構成要件を適用することも必ずしも背理とはいえない』」と従来の見解を改めて（その内容については、次の故意犯原則説を参照せられたい）、この学説に従って居られる（小野清一郎・刑法概論（昭和二七年）三二二頁以下）。更に、岡田（朝）博士も、夙く、『多数ノ学説及ヒ左記判例ハ本罪ハ結果犯ナルカ故ニ原因タル行為ノ認識有ルヲ以テ足レリト為シ結果タル傷害ノ認識有ルコトヲ以テ必要ト為サスト解釈ス然レトモ本罪ニ限リ第三八条第一項ノ原則ヲ排ス可キ理由無シ　(1)右ノ理論ヲ応用スル為メ人ノ引証スル所ハ有形ノ暴行ナリ、左記判例亦然リ、有形ノ暴行ヲ加フル故意ハ、少数ハ確定、大多数ハ不確定ノ傷害ノ認識ヲ随伴スルカ故ニ斯ル解釈ヲ生スルノミ　(2)若シ夫レ其加フル所暴行ハ暴行ナリト雖モ、全然予見ニ上ラサル傷害ヲ生センカ、過失傷害ト為ルハ格別之ヲ本罪ト為ルト解スルハ不当ナリ、但シ例外ナルカ故ニ犯人立証ノ責任ヲ有ス』と述べられて居り（岡田朝太郎・刑法論各論二六六頁以下）、牧野博士亦同趣旨と解せられる（すなわち、牧野博士は、『傷害罪ハ必シモ之ヲ結果的責任ト解スルノ必要ナシ。苟モ人ノ身体ニ対シテ侵害ヲ加フルノ意思アリ且其ノ侵害事実ノ発生アリタル所ニ傷害罪ノ成立アルモノト解スルトキハ、傷害罪モ亦刑法第三八条第一項本文ノ当然ノ適用ニ依リテ理解シ得ヘキモノナルヘシ』と述べられている（牧野英一・重訂日本刑法下巻二八〇頁）。これについて、江家博士は次の様に批判される。すなわち、『もっとも傷害罪の犯意を身体侵害の意思とし暴行の意思も身体侵害の意思であると解すれば、傷害罪は故意犯であるということになるが（牧野三八七頁）、刑法が暴行と傷害とを区別している以上、暴行の意思を傷害の意思と同視するのは無理であろう』と（江家義男・刑法概論（各論）一六九頁））。

(三)　故意犯原則説　最近の有力説である。この説によれば、傷害罪は原則として故意犯で、傍ら、暴行の故意による結果的加重犯たるものおも包含すると解される。すなわち、現行刑法の解釈としては、あくまで、傷害罪は故意犯として理解すべきであるが、他方、二〇八条の反面解釈として、同条は『暴行ヲ加ヘタル者人ヲ傷害スルニ至リタルトキ』を規定していないが、固よりこれを不問に付すべきものでもないので、その場合には二〇四条に立戻つて処断される、という意味で、二〇四条は結果的加重犯をも併せ規定するものと解するのである。いま、これを学者の見解にみるに、その説いて詳細なるは、まず、草野教授である。すなわち、同教授は、『従来の通説は、言うまでもなく、傷害罪の故意といえば、暴行の故意を以て足る、と答えるのが定石のようになつている。蓋し、旧刑法時代からの殴打創傷という考え方から来ているのであろう。

旧刑法は、傷害罪を殴打創傷の罪なる題下で、第二百九十九条乃至第三百八条に各種の傷害罪を規定し、第三百七条に「健康ヲ害ス可キ物品ヲ施用シテ人ヲ疾苦セシメタル云々」とあるのと、第三百八条に「人ヲ殺スノ意ニ非スト雖モ、詐称誘導シテ危害ニ陥レ、因テ疾病死傷ニ致シタル者ハ云々」とあるのとを除いては、各条すべて「人を殴打創傷」の語を以て表現せられている。故に此の旧刑法に於ける殴打創傷罪、即ち現行刑法に於ける傷害罪の故意を解するに、殴打の認識即ち暴行の認識を以て足る、とすることは故なしとしない。併しながら、現行刑法の傷害罪の故意を解するに、右旧刑法時代の観念を以てするは、当を得たものということは出来ない。

先ず、試みに傷害罪の規定たる刑法第二百四条の規定を見るがよい。同条は「人ノ身体ヲ傷害シタル者ハ十年以下ノ懲役又ハ五百円以下ノ罰金云々」と規定せられているに過ぎないではないか。其の規定の仕方は、純然たる故意犯たる殺人罪の規定に「人ヲ殺シタル者ハ死刑又ハ無期若クハ三年以上ノ懲役云々」とあるのと、何等異るところはない。故に、虚心坦懐に右第二百四条を読むならば、傷害罪の成立には、傷害の故意を必要と解するのが、自然であろう。然るに傷害罪の成立に、暴行の故意あるを以て足ると解せられる所以のものは、刑法第二百八条の規定が存するが故であつて、必しも旧刑法の殴打創傷罪の因襲にのみ由来しているのではない。

右第二百八条は「暴行ヲ加ヘタル者人ヲ傷害スルニ至ラサルトキハ二年以下ノ懲役若クハ百円以下ノ罰金又ハ拘留若クハ科料ニ処ス」と規定せられている。そこで直ぐ疑問となるのは「暴行ヲ加ヘタル者人ヲ傷害スルニ至リタルトキハ」どうなるかということである。固より之を不問に付する理由はないので、勢、第二百四条に立戻つて処断することになるのである。此の意味に於て、第二百四条は、傷害の故意に因る傷害の外、暴行の故意に因る結果的加重犯たる傷害罪、即ち殴打創傷罪をも併せ規定しているものと解せねばならぬ。併しながら、同条の規定する傷害罪は、傷害の故意に因る傷害罪が本であつて、暴行の故意に因るものは末である。

然るに、傷害罪の成立には暴行の故意を以て足るといい、暴行に因る結果的加重犯たることを以て本体たるが如く解するは啻に本末顚倒の論であるばかりでなく、延いて、傷害罪には未遂なし、というが如き謬論を産みだすことになつた。

抑抑傷害罪には、叙上の如く、（一）傷害の故意に因るものと、（二）暴行の故意に因るものとがあり、後者は専ら暴行を手段とするものであるが、前者には、(1)暴行を手段とするものと、(2)然らざるものとがある。(2)の適例としては、数月の久しきに亘り、少量の毒物を飲食物に混入して、徐々に人の健康を害するような場合を挙げることが出来よう。尤も刑法改正仮案では、「暴行ニハ人ノ健康ヲ害スヘキ物ヲ施用……スル行為ヲ包含ス」（第七条第四項）と規定されているが、かく規定することの当否は疑問である。

それは、兎も角、暴行の故意に因る結果的加重犯たる傷害罪には、其の性質上、未遂は存し得ないが、傷害の故意に因る傷害罪には、暴行の手段に依ると否とに拘らず、未遂は存し得るわけである。ただ現行刑法上、傷害罪の未遂を未遂として処罰する、明文が存しないだけのことである。とはいえ、刑法第二百八条は、暴行の故意に因る暴行罪を規定している外、傷害の故意に因る暴行を手段とする傷害罪の未遂をも独立罪として規定しているものと解さねばならぬ』と論ぜられた上、『刑法第二百四条は本則として傷害の故意に因る傷害罪を規定する傍、暴行の故意に因る結果的加重犯たる傷害罪をも規定しているのである』と説かれている（草野豹一郎・刑事法学の諸問題第二巻（昭和二七年）一四四頁以下）。次に、従前の小野博士も、『惟うに傷害罪については其の未遂を罰する規定がなく、他方第二〇八条には「暴行ヲ加ヘタル者人ヲ傷害スルニ至ラサルトキハ、云々」という規定があつて、暴行の意思を以て暴行を加えた者が人を傷害した場合は第二〇四条に入るべきことを推知せしめる。若し傷害の意思を必要とするならば、かような場合は過失傷害罪（第二〇九条）を以て論ずる外はないであろう。論者或いは単純暴行罪と過失傷害罪との観念的競合を以て論ずべしとするが、それは第二〇八条の「人ヲ傷害スルニ至ラサル」という文理に反するのみならず、いずれにしても同条が傷害の意思を以てした場合と暴行の意思を以てした場合とを含むことを否定し得ない。然らば遡つて第二〇四条がすでに傷害の意思を以てした場合と暴行の意思を以てした場合とを含むと解し、傷害の結果を生じたか生じないかによつて第二〇四条又は第二〇八条が適用されると解することが文理にかない、又実際にも適合するものではないか。蓋し傷害の意思と暴行の意思とは概念上確かに区別し得るが、実際においては其の間に判然たる境界がなく、情状として大差のない場合が多いからである。要するに私見に依れば第二〇四条は単なる結果的責任の規定ではない。寧ろ故意犯を其の主眼とするものである。しかし、なお結果的責任を含むものと解するのである。結果的責任はなるべく之を制限したいが、しかし現行法上全く之を否定することは出来ない。なお私見によれば謂わゆる結果的責任の場合には其の重い結果につき過失を必要とすることになるのである』と説かれていたが（小野清一郎・刑法講義各論五版（昭和二六年）一七〇頁以下）、いずれも、この種見解の代表的な説明と言うことが出来よう。

かくの如く、学説を通観してみると、（一）の結果的加重犯説による限り、判例の立場は支持されるが、（二）、（三）の見解からは、批判を受けることになる。果して、いずれの立場が正当であろうか。

惟うに、近代刑事責任理論が、責任主義の原則にもとづいて構成されなければならないことはいうまでもないところで、ここに、『責任なければ刑罰なし』（Keine Strafe Ohne Schuld）ということもいわれうるのであり、従つて、この原則に依拠する限り、純然たる結果責任主義的な思考が排斥されなければならないものであることは明白である。すなわち、右（一）の結果的加重犯説はまず、刑事責任理論の基本的理念に背馳するものといわなければならない。次に、現行刑法第二〇四条の条文は、どうみても故意犯の規定の仕方によつていることも承認されなければならない。徒らに、旧刑法時代の解釈を現行刑法の解釈にもちこむことは、とくに、第二〇四条の如き場合、新立法の意義を減殺するもので、法の後進性をカバーする法解釈の使命に合致しない。これらの理由から、結果的加重犯説並びにこれに依拠する右判例の態度は改められねばならない。

然らば、(二)の故意犯説は如何。少くとも、この見解は、真正面から責任主義の刑法を標示する意味に於て、右結果的加重犯説に対し加えられる、刑事責任理論の基本理念に背馳するとの批判を免れ、近代的な、スッキリした刑法解釈論を展開するものといえる。しかし、果して、この見解は、現行刑法第二〇四条の解釈論として万全のものであろうか。まず、第一に、この見解によると、結論的に見て、「暴行ヲ加ヘタル者人ヲ傷害スルニ至ラサルトキ」の規定を「傷害スルニ至リタルトキ」に適用することになり、文理の上から無理であることは、第三説が批判する通りであり、実際問題としても暴行の故意で暴行の結果を発生せしめた場合と、進んで、傷害の結果を発生せしめた場合とが、結論的には同じ第二〇八条で処罰されるということは、発生した結果を無視することにもなり妥当でない。殊に、第二〇五条の傷害致死罪と考え合わせると、この故意犯説の理論構成は一層疑問視されねばならない。その理由は、もし、暴行の故意で傷害の結果を発生せしめた場合が、暴行罪(二〇八条)と過失傷害罪(二〇九条)との想像的競合であるならば、傷害の故意で殺人の結果を発生せしめた場合には、傷害罪(二〇四条)と過失致死罪(二一〇条)との想像的競合として処断すればよいし、また、この理論からすれば、そうあらねばならないわけで、結局、第二〇五条の規定は不必要ということにもなつてくる。然るに、第二〇五条の規定が存在するのは、一つには、基本たる行為自体が違法なものである場合(例えば、暴行、傷害)と、それが適法なものである場合(例えば、キャッチボール、高所での建築作業)とでは、同じ、致傷又は致死の結果を発生せしめた場合でも、行為の構造が異なり、適法行為に違法な結果がついた場合（すなわち、一般の過失犯）と、本来違法な行為に違法な結果がついた場合（すなわち、結果的加重犯）とを比較してみると、後者がより重く処罰されなければならないのは当然であるからであり、二つには、第二〇五条の刑罰を見て分かるように、適法な行為に違法な結果がついた場合より、違法な行為に違法な結果のついた場合の方が、より重く取扱われねばならないからといつて、それが、重い結果について故意のある、所謂故意犯と同様に処罰されるのでは苛酷に過ぎるし、だからと言つて、基本たる犯罪で処罰するのでは軽きに過ぎるので、いわば、その中間刑にあたる刑罰を規定したのが、結果的加重犯たる傷害致死罪の条文であるからであつて、この論法で理論を統一的に展開すれば、暴行の故意で傷害の結果を発生せしめた場合にも、暴行罪では軽きに過ぎ、故意犯たる傷害罪では重きに過ぎるということになり、結局、暴行罪より重く、傷害罪より軽く取扱わねばならず、ここに、結果的加重犯としての暴行致傷罪の成立を認めなければならないわけで、第二〇四条はこの場合をも併せ規定したものと解するのが、解釈論として妥当であるといわなければならない。

かく考えて来ると、第二〇四条は、故意犯たる傷害罪と、結果的加重犯たる暴行致傷罪との両者を含んでいるものと解釈するのが、現行刑法の解釈論としては、最も筋が通るものといえよう。更に、法の解釈の問題としても、結果的加重犯をも含むとする点で立法者の意思を一応尊重し、しかも、原則的には故意犯と解することにより、現代の刑法意識を充分考慮することにもなつて、正しい結論を導くことが出来ることになるのである。

右の理由によつて、わたくしは、(三)の故意犯原則説が最も正しい見解と信ずるのであるが、この見解の結論は、結果的加重犯説の結論に似ている。しかし、それは、第一に、あくまでも、故意犯を原則とする点で後説と異なり、第二に、等しく暴行の結果に終つた場合でも、現行法上よしんば第二〇八条で処罰するの外ないとはいうものの、暴行の故意で暴行の結果を発生せしめたときと、傷害の故意で暴行の結果に終つたときとでは、反社会的心情の点で大いに異なるもののあること、なお、等しく傷害の結果を発生せしめた場合でも、それが殺人の故意によつたときと、傷害の故意によつたときとで、理論的にも、評価を異にしなければならないのと同様であるから、両者は取扱上明瞭に区別されねばならぬとする点で、やはり後説と相違するのである(この点が、第二四〇条に適用されれば、同条の前段にも故意犯である強盗傷人が規定されているものと解釈出来るようにもなり、而かも、その未遂は、第二三六条強盗罪の暴行に評価されるべきではなく、傷害の故意に基く未遂として、第二四三条の未遂処罰の規定の適用を受けることとなり、ここに、争い多き、第二四三条の規定を充分利用して解釈論を展開することが出来るようにもなるのである。猶、この点の詳細については、草野豹一郎、刑事法学の諸問題第一巻(昭和二六年)所収、刑法第二百四十条の解釈を参照せられたい。)。

されば、わが判例も、早晩、第三説に従つて、傷害の故意を理解することが望まれる次第である。

次に、やや、特殊な判例を紹介しておこう。その一つは、小児を背負つた者に対する暴行は、小児そのものに対しても暴行になり、従つて、それから発生した傷害の結果に対して責を負わねばならぬとするものであり、その二は、暴行につき、未必の故意の認められない事例である。すなわち、その一は、

【29】「小児ヲ背負ヒタル者カ顚倒スレハ小児ハ之ト共ニ顚倒スヘキハ必然ノ事ニ属スルヲ以テ小児ヲ背負ヒタル者ヲ突飛ハシ之ヲシテ顚倒セシムル者ハ小児ノ顚倒スヘキ事ハ之ヲ予期セサルヘカラス即チ小児ヲ背負

ヒタル者ヲ突飛ハスハ小児ニ対シテモ亦暴行ナルコト論ヲ俟タス従テ之カ為メ小児ニ負傷セシメタルトキハ傷害罪ノ責ヲ免ルルヲ得ス」（大判大三・一二・一八刑録二〇・二二六七）。

であり、その二は、

【30】「原判決の認定によれば、被告人は平素飲酒を好み、酩酊すれば常に他人に暴行する悪習癖があるものであるが昭和二十四年七月二十一日トラックによる材木運搬作業に従事中、右悪習癖を認識しながら他人に対する暴行の未必的故意を以て、同日午後二時三十分より午後五時過までの間大分県日田郡小野村字市木権藤寅彦方その他において通常の飲酒量を超過して酒及び焼酎合計五合以上を飲み、且つ凸凹はげしい道路をトラックで約一時間余揺られたため、同日午後七時過頃同村字新田の瀬戸製材所分工場に帰着した頃は酩酊甚だしく、重篤な意識溷濁を生じて心神喪失の状態に陥つたが、その状態の下で右習癖に基いて、同日午後七時三十分頃同村字新田樋口大三方前道路上外二個所において下坂増造、樋口大三、楢原シメ及び楢原伝江をそれぞれ鍬又は鍬の柄で殴打して同人等に傷害を加え、その内樋口大三をして該傷害に基因する脳半球の圧迫及び脳出血のため翌二十二日午前八時頃死亡するに至らしめた、というのである。ところで、飲酒酩酊して心神喪失の状況に陥り他人に暴行を加えた場合において、該行為者が平素酩酊すれば他人に暴行を加える習癖があるとしても、単にその習癖を認識しながら過度に飲酒しただけでは、暴行の未必の故意があるというようなことはできない。かような場合に未必の故意があるとするには、飲酒すれば酩酊して或は他人に暴行を加えることがあるかもしれないことを予想しながら、敢てこれを容認して過度に飲酒したことが必要である。しかるに原審検証調書中証人用松岩夫の供述記載、原審証人佐藤清、同坂本静治、同瀬戸安武、同権藤寅彦に対する各尋問調書中同人等の各供述記載、原審第一、二回公判調書中被告人及び証人長尾ハル子の各供述記載によれば、被告人は酒好きで酒癖が悪く、曽て飲酒酩酊して他人に対し二、三回、妻ハル子に対し三、四回、いずれも傷害に至らない程度の暴行を加えたことがあり、被告人も予てかような習癖を自覚していたのであるが、前記暴行当

日は被告人が権藤寅彦の依頼で切石を運搬した謝礼として同人より酒の馳走があつたので同僚数名とともに同家で飲酒した後、その飲み残りを仕事場及びトラックの上で飲み、又雇主の瀬戸安武を迎えに行つた際、たまたま飲酒中の雇主から勧められるまま、更に同僚等とともに飲酒したのであつて、幾分平素の酒量を超えてはいたがいずれも偶然の事情によるものであり、原審の取調べたその他の各証拠を精査しても、被告人が飲酒に際し、或いは酩酊して他人に暴行を加えることがあるかもしれないことを予想しながら敢てこれを容認して過度に飲酒したものとは認められない。従つてその間或は過失傷害致死の罪責を負うべき事情はあるとしても、暴行の未必の故意は認められないにかかわらず、原判決が未必の故意を認定したのは事実の認定を誤つたものというの外はなく、その誤認は判決に影響を及ぼすことが明であるから原判決は破棄を免れない。」（福岡高判昭二五・九・二六高裁刑集三・三・四三九）。

である。いずれも、傷害罪の故意に関する事例として、とりあげるべきものである。

五　因果関係

傷害罪を結果的加重犯と解し、しかも、重い結果について、純然たる結果責任を問おうとする判例の立場からいえば、暴行と傷害との間の因果関係の問題は、判例にとつて、極めて重要である。こうした思考が、近代刑事責任理論に反するものであることは、すでに、結果的加重犯説に対する批判のところで若干触れたところであるし、詳細には、傷害致死罪のところで論ずる筈であるが、それはそれとして、ここでは、判例に現われた事例を追つて、因果関係の問題を検討してみよう。

基本的な因果関係の問題につき、判例の立場は、やや例外はあるものの、原則的には、条件説に従うものと解せられているのは、周知の通りであるが、結果的加重犯についても、こと傷害罪についてみると、そこには、条件説が採用されていることが知られる。すなわち、まず、犯人の行為によって生じた創口から病菌が侵入したため丹毒症を起した事案で、しかも被害者の治療方法に誤りのあった場合に関し、

【31】「原判示ニ依レハ被告人ハ棍棒ヲ以テ中尻某ノ頭部ヲ殴打シ其ノ左耳朶ニ断裂傷ヲ負ハシメ因テ同人ヲシテ丹毒症ニ罹ラシメタルモノニシテ被害者ノ丹毒症ニ罹リタルハ被告ノ所為ニ因ルモノナルコト明ナリトス而シテ所論諸証拠ハ原判決ノ引用セサル所ナリト雖仮ニ被害者ニ於テ治療ノ方法ノ誤リタル事実アリトスルモ苟モ被告ノ所為ニ因リテ生シタル創口ヨリ病菌ノ侵入シタル為丹毒症ヲ起シタル以上ハ其ノ所為亦同症ノ一因ヲ成シタルコト明白ナレハ両者ノ間ニ因果関係ノ存在ヲ認ムヘキハ当然ニシテ之カ中断ヲ認ムルハ正当ニ非ス」（大判大一二・七・二〇四刑集二・六六〇）。

と判示したものがあるし、また、かねてより脳血管硬化症に罹っていた被害者が精神並びに筋肉に激動を与えられて死亡した事案たる、

「被告人ハ竹村某ヨリ紙ノ艶出機一台ヲ買入ルル契約ヲ為シ其引渡ヲ受ケントシ竹村某ノ代理人タル被害者ト交渉シ其ノ取引ニ行違アルコト判明シ竹村某本人ノ帰宅ヲ待ツコトニ取定メタル後被害者カ佐々木某方ニ於テ右取引ニ関スル被告人ノ行動ヲ批評シ愚ナリト罵レルヲ宅前通行中聞キ直ニ同家ニ立入リ被害者ノ頭部ヲ突キ座敷ヨリ土間ニ墜落セシメ其ノ起上ラントスル所ヲ更ニ二、三回手ヲ以テ頭部ヲ殴打シタルヨリ被害者ハ此ノ不法ナル暴行ニ憤激シ互ニ争闘シタル為其精神ノ興奮ト争闘時ニ於ケル筋肉ノ激動トカ相俟テ予テヨリ脳血管硬化症ニ罹レル被害者ノ血圧ヲ急激ニ上昇セシメ其ノ結果脳出血ヲ発作シ衰弱ノ為死亡シタリ」

という事実に対し、

【32】「被害者ノ死亡ノ一因タル精神ノ興奮ハ被告人ノ不法ナル暴行ニ基因セルモノト謂フヘク従テ原審カ

其ノ暴行ト死亡トノ間ニ因果ノ関係ヲ認メタルハ適法ナルノミナラス傷害致死罪ノ犯意ニハ不法ナル暴行ノ故意アルヲ以テ足リ其ノ結果タル死亡ヲ認識シ得タルコトヲ要セサルモノナレハ縦令被告人カ本件犯行ノ当時被害者ノ脳血管硬化症ニ罹レルコトヲ知ラス従テ其死亡ヲ認識シ得サリシトスルモ右犯罪ノ成立ヲ妨クルモノニ非ス……被告人ノ暴行ハ単ニ被害者ヲ激シテ精神ヲ興奮セシメタルニ止マリタルモノニ非シテ其ノ精神ノ興奮ハ更ニ被害者ノ筋肉激動ト共同シテ脳出血ヲ発作セシメタルモノナレハ被害者ハ被告人ノ暴行ニ因リ傷害ヲ受ケタルモノト謂ヒ得ヘシ」（大判大一四・一二・二三刑集四・七八六）。

と説いたものがあるのであるが、こうした態度は、最高裁判所になつてからも維持され、例えば、被告人が被害者に対し瓦の破片を投げつけ、なおも『殺すぞ』と怒鳴りながら鍬を振りあげて追いかける気勢を示したので、被害者が、難を避けるため逃げる途中鉄棒につまづいて顚倒し、打撲傷を負つたという事案につき、傷害の結果は被告人の暴行によつて生じたものと解するを相当とした、

【33】「被害者が打撲傷を負うた直接の原因が過つて鉄棒に躓いて顚倒したことであり、この顚倒したことは被告人が大声で「何をぼやぼやしているのだ」等と悪口を浴せ、矢庭に拳大の瓦の破片を同人の方に投げつけ、尚も「殺すぞ」等と怒鳴りながら側にあつた鍬をふりあげて追かける気勢を示したので、同人は之に驚いて難を避けようとして夢中で逃げ出し走り続ける中におこつたことであることは判文に示すとおりであるから、所論のように被告人の追い掛けた行為と被害者の負傷との間には何等因果関係がないと解すべきではなく、被告人の判示暴行によつて被害者の傷害を生じたものと解するのが相当である。」（最判昭二五・一一・九刑集四・一一・二二四一）。

とする判決がある。尤も、この最高裁判所の見解は、相当因果関係説によるものとも理解出来そうな口吻で、必ずしも、条件説によるものとはいえないかも知れない。もし、相当因果関係説によるもの

だとしたら、少くとも、過去の結果責任主義から責任主義の責任へと一歩前進しはじめたものとみてよかろう。

右に比較して、戦後の高等裁判所の判例は、明瞭に相当因果関係説によつている。すなわち、まず、

【34】「被告人が中山美代治に対して判示の暴行を加へたことは争のない事実であり且つ証拠によつて明白である、又被害者中山美代治が昭和二十四年九月十四日当時判示の外傷性両側撓骨神経障碍という疾病に罹患している事実は医師谷幹彦作成の診断書の記載によつて一応認定し得られる。ところがここで重要な問題は被告人の判示暴行と被害者の前示疾病との間に果して因果関係があるかどうかということである。中山美代治に対する司法警察員の被害者供述調書中「不意に後から私の両腕を突き飛ばしたので私はビックリして……両手がしびれて急に両手の先が疼き出した」旨の記載があるので条件説に従えば被害者の右疾患は被告人の暴行に因つて生じた結果であるというように見られないでもない。しかし行為者に対し刑法上の責任を論ずるには、行為と結果との間に一般的見解において普通可能とせられる関係すなわち相当の関係があると認められる場合においてのみ因果関係ありとするのであり右に所謂一般的見解とは全経験的知識の見地即ち経験則に基くこと勿論である換言すれば注意深い人間であるならば知り得た事情及び行為者が特に知つていた事情を基礎としてこれらの事情から一般的見解に立つて普通生じたであろうと考えられる範囲内に具体的結果が発生した場合に行為者の行為を以て右の結果に対する原因であると解すべきである。若し右相当の範囲を越えた結果を生じたとすればそれは偶然であり本質的でないから相当因果関係はないものといわなければならない。右の見地に立つて本件を考察するについては第一、被告人の加えた暴行即ち打撃の程度はどうであつたか第二被害者の之に対する抵抗力即ち年齢、体格、体質、健康状態等はどうであつたかを先ず以て検討する必要がある。そこで証拠

によつて調査するに被告人の原審公判調書における「中山を突いたことはあるが、そのために傷を負わしたことはない」旨の供述、被告人の司法警察員に対する第一回供述調書中「黙つて美代さんを後から両手を開けて肩の辺を突き飛ばしたら美代さんは前へヒヨロヒヨロと二三歩行つたが後を向いて什うするならといつた」旨の供述記載、中山美代治に対する司法警察員の被害者供述調書中同人の供述として「不意に後から私の両腕を突き飛ばすので私はビックリして後を見ると云々」の記載を総合して被告人の本件暴行は極めて軽度の打撃であつたものと認められる。次に被害者中山美代治の年齢が五十六歳であることは記録上明かであるが同人の体格、体質、健康状態等については特に何等記すべきものがないので普通の状態であつたものと考えるの外はない。右のような状況において被告人の暴行と被害者の疾患との間に果して相当の因果関係が認め得られるであろうか甚だ疑問を存するのである。医師谷幹彦の診断書は事件後約十日を経過した同年九月十四日作成されたものであり、且つ該診断書には外傷性とあるだけでその疾病が何時如何なる原因から発生したものであるか窺い知ることができない。右の疾病は他の原因から発生したものであるかも知れない或は被害者が特異の体質であつたか、或いは又類似の既往症があつたものであるかも知れない。仮りに然りとするならばその結果は偶然のもので本質的なものでないから相当因果関係を肯定することは他に特殊の事情のない限り困難である。原審は須くこれ等の具体的事情について厳密な審理判断の上因果関係の存否を決定すべきであつたのに拘らずその審理を尽さずして漫然判示事実を認定し被告人を傷害罪に問擬したのは審理不尽、理由不備の違法がある。」（広島高岡山支判昭二四・一二・二七高裁刑特報三・一二）。

というのがあるし、また、

【35】「被告人の右暴行と判示傷害との間の因果関係を審究するに、宮崎長作が判示傷害を受けるに至つたのは、池田忠義、被告人および宮崎長作の三名もろとも判示土間に転落し、宮崎長作の顔面を判示水槽に衝突させたことによるものであり、右の転落、衝突たるや、実に、被告人が執拗に宮崎長作の左手と丹前の右袖と

を握って離さなかった被告人の前示暴行の所為と被告人の背後から被告人の着衣を引張っていた仲裁者池田忠義が、たまたま判示上り口から足を踏み外したことに基因するものであって、なお前記証拠に徴すれば、その際、被告人において右のように執拗に宮崎長作の手や丹前を握り続くべき何ら格別の事情も存せず、もし放そうとさえすれば、容易に宮崎長作を手放すことのできる状況であったことも明らかなところであるから、被告人の右の暴行の所為と判示傷害との間には、事実上の因果関係はもとより法律上の因果関係があるものと解するのが相当である。」（福岡高裁昭三三・二・九　ジュリスト一二七・七六）。

とするのがあって、行為者に対し刑法上の責任を論ずるには、行為と結果との間に、一般的見解において普通可能とされる関係すなわち相当の関係があると認められる場合においてのみ因果関係の成立を認むべきものとしている。刑事責任論の立場からは、これでも猶不徹底であるが、少くとも、もし、因果関係の存在のみで責任を論ぜんとするならば、これら高裁判決の方が、最高裁判決より適切なものといえるだろう。

六　違法性関係

傷害罪については、違法性の阻却される場合が多い。（一）懲戒権の行使、（二）被害者の承諾、（ドイツ刑法第二二六条aは『被害者の同意を得て傷害を為す者は、行為が被害者の同意があったにもかかわらず、善良な風俗に反するときに限り、違法に行為するものとする』と規定する。同様な規定のないわが刑法の下においても、ことはこれと同様に論ぜらるべきであろう）、（三）治療行為、（四）断種、（五）正当防衛・緊急避難等が行為の違法性を阻却することは、すでに、問題のないところである。従って、ここでは、違法阻却に当らないとされた事例を紹介するにとどめる。

まず、次の様なものがある。すなわち、

【36】「所論判示事実ハ被害者高原（チワ）ニ於テ刑法第二百三十条ニ規定スル名誉毀損ノ犯罪ヲ行ヒタル

ニ因リ被告ハ右（チワ）ヲ禁錮ノ刑ニ該ルヘキ犯罪ノ現行犯人トシテ逮捕シ之ヲ司法警察官ニ引致セントシタル事実ヲ認定シタルモノト解スル能ハス唯高原（チワ）カ被告ニ対シ侮辱ノ言辞ヲ弄シタルヲ怒リ警察官ニ其始末ヲ取乱シ貰フヘキニ付キ同行スヘシト迫リ（チワ）ノ左手ヲ緊握シテ牽引シ為メニ同人ヲ傷害シタル事実ヲ説示シタルニ止マルカ故ニ被告ノ行為ヲ以テ権利ノ実行ト認メタルモノニ非サルヤ固ヨリ論ナシ然ラハ原審カ被告ノ高原（チワ）ニ加ヘタル暴行ノ結果其身体ニ傷害ヲ生セシメタル事実ヲ認メ刑法第二百四条ニ問擬シタルハ相当ナリト謂ハサルヘカラス仮令所論ノ如ク被告ハ権利ノ実行トシテ高原（チワ）ヲ逮捕引致セントセシモノトスルモ被告ノ暴行ノ結果（チワ）ヲ傷害セシ如キハ権利ノ実行ヲ以テ視ルヘカラス而シテ其傷害カ被告ノ過失ニ出テシコトハ原判決ニ於テ認メサル所ニシテ該判決ニハ被告ハ（チワ）ノ左手ヲ牽引シタリトアリテ被告カ故意ヲ以テ（チワ）ノ身体ニ対シテ暴行ヲ加ヘ傷害ノ原因ヲ作為シタルコト判文上明白ナル以上ハ其暴行ノ結果タル傷害ニ付特ニ故意ナカリシトスルモ被告ニ於テ其責ニ任スヘキハ当然ナレハ原判決ニ於テ被告カ傷害ニ付故意アリシコトヲ説示シアラサルモ被告ノ行為ヲ以テ傷害罪ヲ構成スルモノトシテ刑法第二百四条ヲ適用スルコトヲ妨ケス」（大判明四三・五・九刑録一六・八二〇）。

この判決は、常人が現行犯人を逮捕引致する場合であつても、これに暴行を加えその身体を傷害するような場合には傷害罪になるのであつて、逮捕権の実行にはならない旨判示したものであるし、また、

【37】「夫カ其ノ命ニ従ハスシテ専恣ノ行動ヲ執ル妻ニ対シテ之カ制裁トシテ暴行ヲ加ヘ得ヘキ正当権限アリトノ法的根拠ナキヲ以テ縦令被告人ノ妻李恵卿ノ被告人ニ対スル態度及行動ニシテ所論ノ如シトスルモ為ニ被告人ノ右李恵卿ニ対シ加ヘタル傷害行為ニ付違法ノ責ヲ免レ得サルモノト謂ハサルヘカラス論旨ハ理由ナシ」（朝鮮高院判昭一四・六・一二評論二九刑法二三）。

とする判決は、如何に夫であつても、しかも、妻が夫の命令に従わず勝手な行動をするからといつても、制裁として暴行を加えることが出来る正当な権限はなく、たとえ、制裁のためであつても、妻に対し加えた傷害行為について違法の責を免れない旨を判示したものであつて、いずれも、外見上、権利があり、また、権利あるが如き場合でも、自ら、その行使には限界があり、また、その存否は、行為者の主観によるべきでなく、正当な目的と正当な手段とを有してこそ、行為は違法でなくなる旨を説いたものとして、妥当なものと思われる。

七　責任性関係

責任性関係では、前述、傷害罪の故意、以外では、錯誤に関する判例をとりあげねばならない。方法(打撃)の錯誤 aberratio ictus も目的物(客体)の錯誤 error in objecto も共に故意を阻却しないことは、事実の錯誤に関する如何なる学説によるも、現在では、等しく承認されているところである。旧刑法に於ては、殺人罪につき、その第二九八条が『謀殺故殺ヲ行ヒ誤テ他人ヲ殺シタル者ハ仍ホ謀故殺ヲ以テ論ス』と規定していたのにつづいて、第三〇四条に『殴打ニ因リ誤テ他人ヲ創傷シタル者ハ仍ホ殴打創傷ノ本刑ヲ科ス』と、明文を以て、殴打創傷罪についても同様のことをうたつていたので、判例も、例えば、まず、

【38】「刑法第三百四条ノ罪ハ殴打ノ所為ニ因リ誤テ其ノ目的以外ノ人ヲ殴打シタル場合ヲ指称シタルモノ」(大判明三五・三・二〇 五刑録八・三・六七)。

と定義し、つづいて、

【39】「強盗ヲ殴打創傷シタル場合ト雖モ尚ホ殴打創傷罪ヲ構成ス従テ強盗ナリト誤信シテ他人ヲ殴打創傷セシメタル行為ヲ以テ罪トナルヘキ事実ヲ知ラサリシモノト謂フヲ得ス」（大判明三五・四・七刑録八・四・四六）。

と判示して、強盗と誤信して他人を殴打創傷した事案についても故意を阻却しないものとし（本判決は、誤想防衛が事実の錯誤なりや、或は、法律の錯誤なりやの問題にとつて、極めて、重要なものである）、更に、また、

「被告カ巡査浦上金太郎ヲ目掛ケ其近傍ニ多数人ノ散在セルヲ知リナカラ樹根様ノ木片ヲ取テ金太郎ニ投付ケタル処金太郎ヨリ約一間許リ下ノ路傍ニ居合セタル大林モンノ面部ニ中リ同人ニ負傷セシメタ」という事実に対し、

【40】「刑法第二百四条ノ犯罪ヲ構成スルニハ殴打スル意思ノ存在ヲ要スルコト論ナシ従テ同条ノ犯罪ハ人ヲ殴打スルノ意思ヲ以テ暴行ヲ加ヘ傷害ノ結果ヲ生セシムルニ因リ成立スルモノナレハ苟モ其意思ヲ以テ暴行ヲ為シタル以上ハ其結果カ犯人ノ観察セサリシ客体ノ上即チ目的以外ノ人ニ発生スルモ意思ト結果トノ間ニ因果ノ関係ナキモノト云フヲ得サレハ斯ル場合ニ於テモ加害者ハ殴打創傷罪ノ制裁ヲ免カルルコトヲ得ス」（大判明四二・三・一二刑録一五・二四一）。

と判示して、被告に第三〇四条を適用して来たのであるが、かかる規定のない現行法の下でも、かかる錯誤が故意を阻却するものでないことは当然で、同趣旨の判決が繰り返されている。すなわち、まず、

「被告ハ宴席ニ於テ三上亀松ニ徳利ヲ投付ケントスル際其場ニ居合セタル外数人ノ体軀ニ該徳利ノ触ルルコトナキヲ保セサル場合ナルニ拘ハラス不注意ニモ亀松以外ノ者ニ当ルコト全然ナシト確信シ亀松ノ身体ヲ目掛ケテ投付ケタル徳利ハ意外ニ外レテ傍ニ居リタル竹島長作ニ命中シ同人ノ眉間ニ裂傷ヲ負ハシメタリ」

という事実に対し原判決が

「被告ノ長作ニ対スル打撃ハ被告ノ予想セサリシ所ナルヲ以テ犯意ヲ阻却スル為メ傷害罪ヲ構成セサルモ其予想セサリシコトニ付過失アルヲ以テ刑法第二百九条ノ過失傷害罪ニ該ル所告訴ナシ」

との理由で免訴を言渡したのを違法として、

【41】「按スルニ刑法第二百四条ノ罪ハ単ニ他人ニ対シ故意ノ暴行ニ因リ傷害ノ結果ヲ生セシムルニ因リテ成立スヘキモノニシテ苟モ他人ニ対シ故意ニ暴行ヲ加ヘ因テ傷害ノ結果ヲ生セシメタル以上ハ縦シヤ其傷害ノ結果カ犯人ノ目的トシタル者ト異ル客体ノ上ニ生シタル場合（旧刑法ニ所謂誤傷ノ場合）ト雖モ暴行ノ意思ト其暴行ニ基ク傷害ノ結果トノ間ニ因果関係ノ存在ヲ認ムルコトヲ得ヘク従テ傷害罪ノ成立ニ必要ナル条件ニ欠クル所ナキヲ以テ犯人ハ右法条ノ罪責ヲ負フヘキモノニシテ暴行ノ認識ナキ過失傷害罪ヲ以テ論スヘキモノニアラス」（大判大六・一二・一四刑録二三・一三六四）。

と判示して、これを破毀したものがあるし、これに同趣旨のものとして、

【42】「原審における証人野添保正、同速見忠男の各証言並びに医師小野四郎作成の速見忠男に対する診断書中同人の受傷の点に関する記載を総合すれば、乙咩太郎方軒先附近（原審検証調書附属第二図面E点附近）で、被告人は野添保正に対し、矢庭に出刃庖丁を以て突いていつたが同人が身をかわした為該庖丁がその後方に立つていた速見忠男の左胸部に突き刺つたものと認定するを相当とすべく、右認定の妨げとなる証左はない。しからば被告人は甲なる人に斬付ける意思を以て攻撃し同じく人たる乙に傷害の結果を生ぜしめたものであるから乙に対する傷害に付傷害罪の成立あること勿論である」（福岡高判昭二七・九・五高裁刑特報一九・一一六）。

とする高裁判例がある。さらに、人に対し故意に暴行を加え、よつて傷害または傷害致死の結果を生じたときは、たとえその結果が犯人の目的とせず且つ意識しなかつた客体の上に生じた場合でも、傷害罪または傷害致死罪が成立するとする、大審院大正一一年五月九日の判決（刑集一・三一三）があり（これについては後出【101】

参照）、これに同趣旨のものとして、

【43】「方法又ハ目的物ノ錯誤アル場合ニ於テ故意ヲ阻却スルモノニ非サルコトニ付テハ夙ニ本院判例ノ存スル所（殺人罪に係る大正一五年七月三日判決が引用になつている＝筆者註）ナルヲ以テ本件ニ於テ被告人ノ松村諦成ヲ殴打セムトシテ「ステツキ」ヲ振廻ハシタルニ意外ニモ其ノ行為ニ因リ宇田赳夫ニ創傷ヲ負ハシムルニ至リタリトスルモ傷害罪トシテノ故意責任ヲ免ルヘカラサルヤ論ヲ俟タス」（大判昭六・四・八新聞三三二七・五・一六評論二〇刑法一八一）。

及び同じく大審院昭和六年九月一四日判決（刑集一〇・四四〇）（これについては後出【103】参照）、さらに、高裁判例として、傷害致死に関し、

【44】「苟も人に対し故意に暴行を加え、因つて人を死に致したときはたとえその暴行による致死の結果が、犯人の目的としたものと異なり、しかも犯人において毫も意識しなかつた客体の上に生じたときでもその暴行と致死との間に因果関係の存することが明白である以上犯人においては当然に傷害致死罪の罪責を負うべきものであつて、過失致死罪を以て律すべきものではない。原判決の認定したところは、被告人は判示自宅の廊下で四男の友昭につかみかかつて同人と双方肩を摑みあつて押しあつた後、自分の右足で同人の右腿を二三回けりつけ、引続き同様同人の右腿をける考えで右足を強くけ出したところ、その瞬間、友昭が身体を左側に避けたため、その足は同人にあたらず、友昭の右側から胴を持ち同人の反抗を制止しようとしていた被告人の妻マツエの腹部にあたつて、そこを強烈に一回けりつけたため、その暴行により同女の小腸に腸管破裂創を与え、その結果同女を急性腹膜炎で死亡するに至らしめたというのであつて、たとい目的に錯誤があつたとしても被告人の友昭に対する暴行と、マツエの死亡との間には因果関係の存することは極めて明白であるから、前段説明したところにより被告人は到底マツエに対する傷害致死の罪責を免れ得ないものといわねばならぬ」（福岡高刑二判昭二六・九・二六高裁刑特報一九・二二）。

とするものがある。

いずれにせよ、前述したように、これらの判決は全く学説と同一歩調をとるものであるから、敢えて、説明を必要としないであろう。

八　共犯関係

この部門では、まず、共同正犯に関し、犯人間に予謀の有無を問わないとする二個の判例が挙げられよう。その一は、傷害罪の共犯たるには、犯人相互に暴行をする意思のあることを認識して共に暴行し、結果として傷害の事実を惹起したる以上、犯人間に謀議の事実あるを要しないとするもので、

「原判決ハ被告等三名ハ共通ノ意思ヲ以テ安部巡査ニ暴行ヲ加ヘ之ニ傷害ヲ負ハシメタリト判示セリ其共通ノ意思トハ共同ノ意思ニアラス共犯ト為スニハ共通ノ意思ヲ以テ足レリト為サス共同ノ意思ヲ必要トス被告等ノ行為カ期セスシテ暗合シタル場合ニハ共通ノ意思アリト謂フヲ得ルモ共同ノ意思アリト為スニ足ラス共通ノ意思ニシテ共同ノ意思アリト為スニハ共ニ為スノ意思即チ共謀ノ事実ナカルヘカラス共通ノ意思アリタルニ過キストセハ本件ノ場合ノ如キニ於テ第二百七条ヲ適用スヘキナリ然ルニ之ヲ適用セサルハ擬律ノ錯誤アルモノト謂ハサルヘカラス」

と主張する上告論旨に対して言渡されたものである。すなわち、

【45】「傷害罪ノ共犯ヲ認ムルニハ犯人カ各自相互ニ暴行ヲ為スノ意思アルヲ認識シテ共ニ暴行ヲ為シ傷害ノ結果ヲ惹起スルヲ以テ足リ犯人間ニ謀議ノ事実アルコトヲ必要トセス」(大判大七・四・一七刑録二四・三三一)。

と。その二は、同趣旨の大審院昭和二年六月二七日の判決(評論一六刑法一八八)である。いずれも、意思の連絡はあるのであるから、共同正犯たるに疑はなく、これらの判例については、特に、とりあげるところも

ない。

次に、本罪の共謀共同正犯に関する事例を挙げよう。まず、最初に、数名共謀の上他人を組み伏せ創傷を負わせた以上、共謀者中たとえ被害者に負傷させなかつた者であつても正犯としての責を免れないとする、

【46】「原判決ニ判示スル如ク被告カ松次郎ト共謀シ栄熊ヲ組伏セ同人ノ上肢ニ創傷ヲ負ハシメタル以上ハ其傷害ハ共謀者一体トナリ為シタル者ナレハ共謀者中仮令被害者ニ負傷セシメサルモノアリト雖モ他ノ傷害ヲ加ヘタル者ト共ニ正犯タルノ責ヲ免ルルヲ得ス故ニ本件ニ付キ共謀者中何人カ被害者ニ創傷ヲ負ハシタルヤノ事実ヲ明示セサルモ刑法第二百四条ノ犯罪ヲ構成スヘキ事実ノ理由ニ欠クル処ナシ又原判示ノ如ク共謀ノ事実ヲ認メ其犯罪ニ該当スヘキ刑法ノ正条ヲ適用シ被告ヲ処断シタルニ於テハ刑法六十条ニ依拠シタルコトハ自ラ明カナルヲ以テ特ニ同条ヲ明示セサルモ不法ノ裁判ニアラス而シテ刑法第二百七条ハ其法文ノ示ス如ク共謀者ニアラサル数人カ暴行ヲ加ヘ人ヲ傷害シタル場合ニ於テ傷害ノ軽重ヲ知ルコト能ハス又ハ其傷害ヲ生セシメタル者ヲ知ルコト能ハサルトキ適用スヘキ規定ナレハ本件ノ如キ共謀者ノ為シタル犯罪ニ適用スヘキ限リニ非ス。」（大判明四三・六・二〇新聞六五五・一八）。

があり、次に、

【47】「数名の者がある犯罪を行うことを通謀し、そのうち一部の者がその犯罪の実行行為を担当し遂行した場合には、他の実行行為に携わらなかつた者も、之を実行した者と同様にその犯罪の責を負うべきものであつて、この理は数名の者が他人に対し暴行を加えようと通謀し、そのうち一部の者が他人に対し暴行を加え之を死傷に致したときにもあてはまるのである。しかして原判決の確定したところによれば、被告人は麦田勇、

服部忠雄等数十名の第一審相被告人等と共に、斎藤忠俊及び其の配下の者を襲撃して之に暴行を加えようと通謀し、斎藤忠俊方を襲い、服部忠雄外数名の第一審相被告人等は、持つていた兇器等で斎藤忠俊の配下斎藤武虎、八千古島芳晴等を突き刺し、或は殴打して右斎藤武虎を死に致し、八千古島芳晴外三名に傷害を与えたというのであるから、たとえ被告人自身は暴行をした事実なく、従つて原判決に被告人の暴行した事実が摘示されていなくとも、被告人は之が実行行為をしたものと同様傷害致死及び傷害の罪責あること勿論である。」（最判昭二三・五・八刑集二・五・四八〇）。

があつて、更に、

【48】「多衆一団となつて他人に暴行を加えることを謀議したものが、偶々犯行現場におくれて到着したため、又はその現場にいながら、直接実行々為に加担しなかつたとしても、他の共謀者の実行々為を介して自己の犯罪敢行の意思を実現したものと認められるときは、その衆団暴行に基く傷害乃至は傷害致死の罪につき、なお共同正犯たる責を負うべきである。さて、原審の確定した事実は、被告人等は原審相被告人（但し千葉庄三郎を除く）が盛岡市における暴力団の排除等を標榜する髑髏団の団員として、同団員斎藤正雄が同市本町土木請負業小林組親分小林耕一郎及びその弟小林守信等から謂われない暴行を加えられたと称して憤慨している際、自らも激昂していた被告人松田は「小林組の者をぶつた斬れ、責任は俺が負う」との旨、被告人橘川は「皆の命は俺が貰つた、頼みたいことは松田に頼んでおけ」との旨、被告人小野寺は「相手は日本刀を持つているから一人に三人でかかれ、責任は俺が負う」との旨をそれぞれ絶叫して互に激励し合い、ここに一同は小林組に対する徹底的膺懲の殴込みを敢行することに衆議一決して、順次酒杯を取り交わし、同志打を避けるため各自白鉢巻をし、楢薪又は角材等を携えて、前記小林耕一郎方に押し寄せ髑髏団の名乗りをあげて怒号し、附近路上で之に応じて立ち向つた小林兄弟に対し、被告人松田、橘川をのぞく一同は、交々所携の薪等を投げ付け、或いは之を以て同人等を殴打し、或いは蹴る等の暴行を加え、よつて両名にそれぞれ判示の傷害を与

え、その結果遂に小林守信をして死亡するに至らしめたというのである。この認定事実によれば、被告人等はいずれも指導的地位に立つて、原審相被告人等と一団となつて小林組膺懲のため殴込みを謀議敢行し、小林兄弟に対し傷害を加え、うち一名をその傷害により死亡に致したものと見るべきであり、唯単に他のものを唆かして右殴込みを決意敢行せしめたに過ぎないものとはいい得ないのである。従つて仮に所論のように、被告人松田は暴行の現場に遅参したため、又被告人橘川はその現場にいながら、それぞれ暴行及び加害の行動には直接手を出さなかつたとしても、被告人両名は本件傷害及び傷害致死罪の共同正犯たるの責を免れ得ないのである。」（最判昭二三・一〇・六刑集二・一一・一二六八）。

がある。これらの判決は、すべて、判例のオーソドックスな立場を傷害罪につき示したもので、勿論、共謀共同正犯論を否認する学説からは、不満足なものとして非難せられる余地はあるが、実際問題としては、判例により確立された理論の適用場面として、詳細は共犯理論に譲り、ここでは、これ以上立入らないことにする。

また、第二〇七条同時犯との関係に於いては、第二〇七条は、共謀者でない数人が暴行を加え人を傷害した場合に適用すべき規定であつて、共謀者のした犯罪に適用すべきでない、との旨を判示した大審院明治四三年六月二〇日判決（前出【46】）及びこれと同趣旨の同じく大審院明治四三年一一月四日判決（刑録一六・一八四一）があり、さらに、二人以上共同して暴行を加え人を傷害した場合には、第二〇七条適用の要なきを判示した、

【49】「刑法第二百七条ハ共同者ニアラスシテ二人以上暴行ヲ加ヘ人ヲ傷害シタル場合ノ規定ナルカ故ニ二人以上共同シテ暴行ヲ加ヘ人ヲ傷害シタル場合ニ在リテハ同条ヲ適用スルノ要ナキモノトス」（大判明四四・三・二刑録一七・二

四九)。

とする判決があつて、大審院明治四四年三月一三日判決(刑録一七・三四五)、同昭和二年六月二七日判決(評論一六刑法一八八)、名古屋高裁昭和二五年七月二二日判決(高裁刑特報一三・六五)等は、これと同趣旨に出ている。

以上のほか、更に、二人以上共同して暴行を加えた場合、意思の連絡があるときは、共同正犯となり、意思の連絡のないときは、第二〇七条によるべしとするものに、大審院大正三年七月一四日判決(刑録二〇・一五一〇)、数名が一個の決闘行為を共謀実行した場合には、傷害を生ぜしめなかつたものも、第二〇七条によらず、六〇条によりその罪責を負う旨を判示した判決、

【50】「数名カ一箇ノ決闘行為ヲ共謀実行シ因リテ相手方数名ニ傷害ノ結果ヲ生セシメタル場合ニ於テハ傷害ヲ生セシメサリシ者ト雖モ苟モ決闘行為ニ干与シタル以上ハ刑法第六十条ニ依リ其罪責ヲ負フヘク刑法第二百七条ニ依リ傷害ヲ生セシメタル者ヲ知ルコト能ハサル場合ニ限リテ其責ヲ負フヘキモノニ非ス蓋シ前示法条ハ共同正犯ニ付テハ適用ナケレハナリ」(大判大二・一二・二七刑録一九・二六六六)。

があるが、これらも、検討を必要とする程のものでもないので、むしろ詳細は、同時犯にゆずることにする。

共謀共同正犯に関する稍特殊な事例として大審院昭和九年一二月二二日判決をあげて置こう。本判決は、甲乙両名が他人に暴行を加えることを共謀し、乙は丙等と数人で他人に暴行を加え傷害した場合、乙に対し第二〇七条を適用し第二〇四条を以て処断すべき場合は、甲に対し、第六〇条、第二〇四条、第二〇七条を適用処断すべき旨を判示したもので、すなわち、

「数人共謀シテ他人ニ暴行ヲ加ヘンコトヲ企図シ之カ実行アリタル場合ニ於テハ自ラ暴行行為ヲ為ササル者ト雖之ヲ為シタル他ノ共謀者ト等シク暴行ノ罪責ヲ負ハサルヘカラス蓋其ノ犯意ハ実行シタル共謀者ニ依リ遂行セラレタルモノニシテ刑法第六十条ニ所謂二人以上共同シテ犯罪ヲ実行シタルニ外ナラサレハナリ原判決ニ依レハ昭和九年五月十五日夜七時過天神社境内ニ於テ長野隆綱カ正岡吉太郎正岡伊勢一白石甚五郎其ノ他與丁約二十名ニ対シ今度ノ駐在巡査土屋作一ハ生意気ナルヲ以テ明夜宮入ノ際同巡査ニ暴行ヲ加フヘキ旨唱フルヤ被告人亦此ノ場ニ於テ右巡査ハ他ノ村内有志ニ対シ新任挨拶ヲ為セルモ消防組頭ニシテ且村会議員タル被告人ノ所ニ新任挨拶ヲ為ササル生意気ノ者ナルニヨリ明晩同巡査ニ暴行ヲ加フヘキ旨ヲ提議シ右吉太郎初メ其ノ場ニ居タル與丁一同カ孰レモ之ニ賛同シ茲ニ被告人及長野隆綱正岡吉太郎正岡伊勢一白石甚五郎等ハ其ノ暴行ヲ為スヘキコトヲ共謀シタル上翌十六日午後七時半頃神輿カ井戸喜作方附近ニ至リシトキ被告人ハ其ノ場ニ於テ多数ノ與丁ニ対シ今夜宮入ノ際駐在巡査ヲ膺懲スル為暴行ヲ加フヘキコトニ決シ居レルヨリ爾後ノ責任ハ被告人ニ於テ引受クルヲ以テ相当ニ同巡査ニ暴行スヘキ旨ヲ告ケ一同ノ賛成ヲ得其ノ後間モナク赤杖橋附近ニ於テ被告人ハ右長野隆綱等ト共ニ大廻芳松ニ命シ同人ヲ巡査駐在所ニ到ラシメ土屋巡査ニ出張ヲ求メシメ同夜八時頃同巡査カ之ニ応シ出張シ来リタルヲ正岡勝方附近ニ要シ正岡伊勢一其ノ他與丁三、四十名ハ共ニ同巡査ヲ包囲シタル上其ノ場ニ於テ同巡査ノ頭部其ノ他ヲ手拳ニテ乱打シ且押倒シ同巡査カ其ノ場ヲ逃レントスルヤ更ニ其ノ背後ヨリ在合セタル割木又ハ石ヲ投付クル等ノ暴行ヲ加ヘ尚被告人等ハ右暴行ニテハ足ラスト為シ犯意継続ノ上暴行ヲ加ヘンカ為被告人ハ大廻芳松ニ対シ土屋巡査ノ所在ヲ捜リ再ヒ誘致シ来ルヘキコトヲ命シ芳松等ヲシテ同所ヨリ約二丁半ヲ距ツル山本音五郎方炭小屋附近ニ難ヲ避ケ居タル土屋巡査ヲ正岡重吉方附近ニ誘ヒタル上同日午後八時半頃同所ニ於テ長野隆綱白石甚五郎ハ其ノ他ノ多数與丁ト共同シテ同巡査ヲ包囲シ手拳杖木及棒杭等ヲ以テ右巡査ノ頭部其ノ他ヲ殴打シ又ハ突ク等ノ暴行ヲ加ヘ右共犯者及其ノ他ノ者ニテ同巡査ニ対シ該二回ノ暴行ニ因リ判示ノ傷害ヲ加ヘタルモ其ノ傷害ヲ加ヘタル者ヲ知ルコト能ハサルモノナリ」

という事実に対し

【51】「被告人ト本件犯罪ヲ共謀シタル正岡伊勢一長野隆綱白石甚五郎等ノ行為ニ付テハ刑法第二百七条ヲ適用シ共犯ノ例ニ依リ同法第二百四条ニ問擬スヘキカ故ニ被告人ハ自ラ暴行ヲ為サスト雖尚前叙ノ理由ニ依リ此等実行者ト同様同条ヲ適用処断スヘキモノトス」（刑集一三・一八〇三）。

と述べている。

この最後の判決は、事実は若干こみ入つているものの、理論的には、ごく数学的に解決のつくものであつて、困難なものではないし、前のその他の判決については、同時犯のところで事実等を示すことにしよう。

教唆については、三つの判決がある。いずれも、暴行教唆の故意で足りるとするもので、すなわち、その一は、

【52】「原判決ニ依レハ被告ハ其長男英蔵ニ命スルニ被告カ菊地佐重ト交換ノ上同人ニ引渡ヲ了シタル青色牝馬一頭ヲ暴力ヲ以テ牽来ルヘキコトヲ以テシタルモノナレハ其命ニ基キ菊地佐重ニ対シ英蔵カ加ヘタル暴力ノ結果ニ付テハ被告ニ於テ刑事上ノ責ヲ免レ得サルモノトス而シテ被告ハ英蔵ニ対シ特ニ佐重ヲ殴傷スヘシトノ指揮ヲ為シタルモノニアラスト雖モ既ニ暴行ヲ加フヘキコトヲ命シタル以上ハ場合ニ依リ殴傷ノ結果ヲ生スルコトアルヘキハ被告ニ於テ予見セシ所ト云ハサルヘカラス。」（大判明四二・五・一一刑録一五・五八二）。

であり、その二は、

【53】「刑法第二百四条乃至第二百七条ニ規定スル傷害罪ノ成立ニ必要ナル犯意ハ犯人ニ於テ人ニ対シ暴行即チ不法ノ体力ヲ加フルコトヲ認識スルヲ以テ足レリトシ其暴行ニ因テ傷害ノ発生スルコトヲ認識スルヲ必要

トセス従テ傷害罪ノ教唆ニ必要ナル犯意ハ教唆者ニ於テ人ニ対シ暴行ヲ加フヘキコトヲ教唆スルコトノ認識アルヲ以テ足リ其暴行ニ因リ傷害ノ発生スルコトヲ認識スルヲ必要トセス従テ仮令教唆者ニ於テ傷害ヲ生セサル限度ニ於テ他人ニ暴行ヲ加フヘキコトヲ教唆スルモ其教唆ニ基キ暴行ヲ加ヘ因テ傷害ヲ生シタル以上ハ刑法第二百四条ニ規定スル傷害罪ノ教唆ヲ以テ論スヘキナリ」（大判明四三・一二・九刑録一六・二一五二）。

であり、そして、その三は、

【54】「原判決ハ被告人カ鈴木某ニ於テ折檻ノ為被害者山本某（筆者註山本善市）ヲ土間ニ引据エ殴打呵責ヲ為シ居ル際右金次郎及其ノ場ニ居合ハセタル本橋某田中某外数名ノ者ニ対シ善市ハ不都合ナル奴故十分之ヲ苦シメ遣ルヘシト命シタル為同人等ヲシテ不法ニ暴行ヲ加フルノ意思ヲ決定セシメ判示犯行ヲ為スニ至ラシメタル事実ヲ認定シタルモノニシテ所論ノ如ク既ニ其ノ決意ヲ為シタル此等数名ノ声援助勢シタル事実ヲ認メタルモノニ非ス而シテ右原判示事実ハ原判示証拠ヲ総合スレハ優ニ之ヲ認定シ得ヘキノミナラス傷害罪ハ故意ニ人ノ身体ニ暴行ヲ加ヘ傷害ノ結果ヲ生セシムルニ因リテ成立シ其ノ結果ノ認識ヲ必要トスルモノニ非サルヲ以テ苟モ他人ニ対シテ暴行ヲ加フヘキコトヲ教唆シタル以上ハ仮令傷害ノ結果ニ付之ヲ認識セサルモ被教唆者カ為シタル暴行ノ結果ニ付其ノ責ニ任スヘキハ勿論ナリ」（大判大一一・一二・一六刑集一・七九八）。

である。問題は、第一次的には、本罪を以て結果的加重犯とみるか、故意犯とみるか、それとも原則的に故意犯とみるかという、前述傷害罪の故意につながるものであり、そのいずれをとるかによつて、理論上、結論を異にするものと思われるが、実際問題としては、暴行の故意は未必的に傷害の故意を含むと解しうる場合が多いであろうから、【52】の線に落着くことにもなるのではなかろうか。

九　罪　数

この点に関する判例としては、一罪に関するものと数罪に関するものとがある。まず、前者に関するものとして二つを挙げる。そのいずれも、数個の挙動が一個の傷害行為にあたる場合の事例で、同一意思の発動に基き、数個の挙動で、同一人に暴行を加え、その身体を傷害した場合は、数個の挙動は、包括して一個の傷害行為と見るを相当とする旨を判示している。すなわち、その一は、

「原判決判示事実中（被告ノ実父房五郎ヨリ山林ヲ買受ケタル件ニ関シ互ニ口論ヲ為シタル末手ニテ只次郎ノ頰部ヲ数回殴打シ次テ下駄ニテ同人ノ左足ヲ蹴リ因テ同人ノ左脚腓腸部ニ手掌大腫脹ヲ生セシメ）ト記載シ証拠トシテ安藤只次郎並被告ノ供述ヲ援用シタリ故ニ原判決ハ手ニテ頰部ヲ殴打シタル事実（行為）ト下駄ニテ左足ヲ蹴リタル事実ト二個ノ行為ヲ認定シタルモノノ如クシテ刑法第五十五条ヲ適用セス原判決ノ意単ニ左足傷害ノ事実ノミヲ認メタルモノトセンカ「以上ノ証憑ヲ総合スレハ判示事実ヲ認定スルニ充分ナリ」トノ理由ヲ付シテ断罪ノ資料ヲ示セリト雖モ其判示事実ノ果シテ二者ノ何レナリヤヲ知ルニ苦シム又原判決カ頰部殴打（刑法二百八条）ノ事実ト左足傷害ノ事実トヲ二ツナカラ認メタルモノトセハ前者ハ被害者ノ告訴ヲ待ツテ論スヘキモノニシテ其告訴ナク且ツ公訴ナキ事実ヲ判定シタル不法アリ要スルニ原判決ハ理由不備擬律錯誤ノ不法アリテ破毀ヲ免レサルモノト思料ス」

という上告論旨に答えたもので、

【55】 「同一意思ノ発動ニ基キ数箇ノ挙動ヲ以テ同一人ニ対シ暴行ヲ加ヘ其身体ヲ傷害シタル場合ニ於テハ数箇ノ挙動ハ之ヲ包括シテ一箇ノ傷害行為ト観ルヲ相当トシ箇箇ノ挙動及ヒ其結果ヲ各別ニ観察シテ之ヲ数箇ノ犯行ト為スヘカラサルハ刑法第二百四条以下傷害罪ニ関スル規定ノ解釈上疑ヲ容レス」（大判大五・七・一一 刑録二二・一二三八）。

として右上告を棄却しているものであり、その二は、右判決をそのまま踏襲したもので（平井博士は本判決につき、「包括的一個ノ行為タルヤ明カナリ」と評せらる。同博士・刑法論綱各論二七九頁）、

「被告カ手ヲ以テ児玉勝平ノ頭部ヲ殴打シタル事実ト陶器製漬物鉢ノ蓋ヲ投付ケ為メニ同人ノ左側上脛部ニ治療約二週間ヲ要スル傷害ヲ加ヘタ」

という事実に対し、全く同一趣旨を判示している大審院大正七年七月二六日判決(刑録二四・九九一)である。

次に、後者すなわち数罪に関するものとしては、すでに古く、旧法時代に、

【56】「殴打罪ハ仮令同時ニ同一ノ意思ニ依リテ犯シタル時ト雖モ尚被害者ノ数ニ応シ数罪ヲ構成スル」(大判明三二・一〇・一九刑録五・九・四四)。

及び、

【57】「殴打ニ関スル罪ハ其結果ニ依リ刑責ヲ定ムルモノナレハ縦令ヒ一箇ノ継続シタル意思ニ基キ行為ヲ継続シタル場合ト雖モ尚被害者ノ数ニ応シ数罪ヲ構成スル」(大判明三四・九・一七刑録七・八・三)。

の二判決があり、また、現行法になつてからは、同じく、併合罪に関するものとして、

【58】「人ノ身体ノ如キハ包括シテ之ヲ一箇ノ法益ナリト観察シ得サルモノナルカ故ニ清太及ヒ清次ニ対スル本件傷害ノ行為ハ刑法第五十五条ノ規定ニ依ラス併合罪ノ例ニ依リ処分スヘキモノトス」(大判明四三・五・一九刑録一六・八九七)。

という判決、及び、

【59】「第一審判決の確定した事実によれば、被告人はジャックナイフでまず宮崎某の左前頸部を突刺し、これに挫傷を与え、次いで松田某の右耳前部左顎下等を三回突き刺し、これに切創を与えたというのである。すなわち、被告人は別個の行為によつて被害者両名に対しそれぞれ傷害を加えたというのであるから、たとえ、それが同一動機に基づき殆んど時と所とを同じくして順次行われたものであるとしても、被害者毎に別異の法益の侵害ありと認むべく、従つて本件傷害罪は二個成立するものというべく、これを併合罪とした原判旨

は正当である。」（最判昭二九・五・六ジュリスト六一・五九）。

がある。

最後に、共犯の個数に関するものとして、人数を指定した傷害の教唆は想像的競合となるものとして、同時に二人以上と明らかに指定して傷害を教唆し、被教唆者が二人の傷害を実行した場合は、一教唆行為で二個の傷害の罪名に触れ、もし明らかに人数を指定しないで傷害を教唆した場合は、たとえ被教唆者が複数の傷害罪を犯したとしても、一個の傷害罪の教唆として処分すべき旨を判示した、

【60】「教唆者ニシテ同時ニ二人以上ト明ニ指定シテ之ヲ傷害センコトヲ教唆シ而シテ被教唆者ニ於テ二人ノ傷害ヲ実行セハ一教唆行為ニシテ二個ノ傷害ナル罪名ニ触レ従テ刑法第五十四条ノ適用ヲ受クヘシト雖モ若シ明ニ人数ヲ指定セスシテ単ニ傷害ヲ教唆シタリトセハ縦令被教唆者ニ於テ複数ノ傷害罪ヲ犯シ従テ之ニ対シ同第五十五条ヲ適用スヘキモノナルト否トニ拘ハラス教唆者ハ一傷害罪ヲ教唆シタルモノトシテ処分スヘク其所為二個ノ罪名ニ触ルルモノニアラス原判決ノ確定セル事実ニ依レハ被告ハ第一審相被告藤之原義三郎ニ対シ森美部落ノ者等ヲ追跡シテ傷害スヘキコトヲ教唆シタルヨリ義三郎ハ傷害ノ決意ヲ為シ継続ノ意思ヲ以テ岡竹次郎高橋保吉ヲ傷害シタリト云フニ在リテ其森美部落ノ者等トハ論旨ノ如ク必スシモ明確ニ二人以上ト指定シタルト同意義ニハアラサルニ因リ本件被告ノ行為ハ決シテ二個ノ罪名ニ触ルルモノニアラサルヲ以テ刑法第二百四条及第六十一条第一項ニ依リ処断スヘキモノトス然レハ原判決カ此事実ニ対シ右法条ヲ適用シタルニ止マリ同第五十四条ヲ適用セサルハ正当ナリ。」（大判大二・一〇・二一刑録一九・一〇〇四）。

とする判決がある。

以上掲げた、罪数に関する判例は所詮罪数論に於ける立場決定の如何によってその評価を異にされ

るものであるので、ここで、詳細に検討することは可能でない。従って、上記の判例を引用するにとどめる。

一〇　他罪との関係

ここでは、傷害罪と他罪との関係を、整理の都合上、(一) 想像的競合、(二) 牽連犯、(三) 連続犯、(四) 併合罪の四つに分けて示すことにしよう。

(一)　想像的競合　まず、公務執行妨害罪との関係につき、

【61】「警察吏カ職務ヲ執行スルニ当リ被告ハ之ニ対シテ暴行ヲ加ヘ傷害シタルモノナレハ被告ノ行為ハ一箇ノ行為ニシテ数個ノ罪名ニ触ルルモノノ」(大判明四二・七・一刑録一五・九一三)。

との旨の判決があり、また、恐喝罪との関係については、被告人が某を短刀を以て畏怖させた上同人から金員を交付させた際、右短刀で同人の左側鼠蹊部を突刺して全治三週間を要する切刺傷を与えたという事実に対し、

【62】「被告人は恐喝罪と傷害罪とにつき刑法第五十四条第一項前段の規定を適用して処断されなければならない」(最判昭二三・七・二九刑集二・九・一〇六三)。

とする判決があるほか、選挙妨害罪との関係につき、衆議院議員選挙法第九二条第一項、第八八条第一号にいう暴行脅迫が、一面公務執行妨害罪、傷害罪または建造物損壊罪等の罪名に触れる場合には、選挙法違反の罪とこれらの罪とは想像的競合になるとする、大審院大正一三年六月五日判決(刑集三・四六〇)(同趣旨大判昭二・六・二七評論一六刑法一八八、大判昭七・五・一二刑集一一・六〇八)、鉄道営業法違反罪との関係につき、旅客の指導、飛び乗り飛び

降りの警戒等に従事中の鉄道係員に傷害を加え、同時にその職務の執行を妨害した場合には、傷害罪と鉄道営業法違反罪との想像的競合になるとする、同昭和五年九月一日判決（評論一九刑法三三一）がある。更に、決闘罪に関するものとして

【63】「明治二十二年法律第三十四号ニ所謂決闘トハ必スシモ二人間ニ於テ一定ノ慣習若クハ規約ノ下ニ証人又ハ介添人ノ立会ヲ以テ行ハルルモノニ限ラス当事者間ノ合意ニ因リ身体生命ヲ傷害スヘキ暴行ヲ以テ争闘スル行為ヲ汎称シ員数ノ多少兇器ノ種類等ニ付キ何等制限存セサルモノト解スヘキモノトス」（大判大二・二・二七刑録一九・二六四）。

があるのをうけて

【64】「決闘ヲ為シタルトキハ因テ人ヲ傷害シタルトキト雖明治二十二年法律第三十四号第二条ヲモ適用スヘキモノトス」（大判昭六・七・三一刑集一〇・三五五）。

との判決があり、同趣旨のものとして、最高裁判所になつてからの昭和二三年三月一六日（刑集二・三・二三七）がある（後出参照【11】）。

そして、最後に、治安維持法との関係につき、

【65】「治安維持法第一条ニ結社ノ目的遂行ノ為ニスル行為ト云ヘルハ結社ノ目的遂行ニ資スヘキ一切ノ行為ヲ指称スルモノナルヲ以テ原判示ノ如ク日本共産党員中スパイノ嫌疑アル者ヲ同党上部ノ指令ニ基キ査問スルニ際リ之カ査問方法トシテ不法監禁又ハ傷害ヲ為シタル所為ハ即同党内部ノ粛清ヲ図リ其ノ組織ノ強化ニ資スル所以ナリト謂フヘク随テ右不法監禁又ハ傷害ハ一面刑法各該当法条ニ触ルルト共ニ他面同党ノ目的遂行ノ為ニスル点ニ於テ治安維持法第一条ニモ触ルルモノト解スヘシ」（大判昭一二・九・一三刑集一六・一二六四）。

とするものがある。

〔二〕　牽連犯　まず、住居侵入罪に関するものがある。すなわち、人を殴打するためその家宅に侵入した場合には、第五四条第一項により、該侵入行為は、傷害の行為と相合して一罪として処分さるべき旨を判示した大審院明治四三年八月三〇日判決(刑録一六・一四八五)、住居侵入罪と傷害罪との間に手段結果の関係ありと認めた同明治四四年一一月一六日判決(刑録一七・一九八九)、そして、人の住居を侵害しその者に傷害を加えた場合は、その住居侵害が侵入であると不退去であるとを問わず傷害の手段なりとした判決、

【66】「按スルニ人ノ住居ヲ侵害シテ其者ニ傷害ヲ加フルニ於テハ住居侵害ハ傷害ノ手段ニ属シ独立ノ犯罪ヲ構成セス住居ノ侵害カ侵入ニ在ルト不退去ニ在ルトニ依リ異同アルコトナシ」(大判大四・四・二九刑録二一・四四八)。

がこれである。

次に、不法逮捕監禁罪との関係につき、殺人及び傷害の目的で人を不法に逮捕した場合は、不法逮捕と殺人及び傷害との間には、それぞれ手段結果の関係ありと判示した朝鮮高等法院昭和四年四月一五日判決(評論一八刑訴二三三)がある。

〔三〕　連続犯　肯定した判決としては、傷害致死罪との関係につき、同一意思の発動により、一人を傷害死に致し、他の一人を傷害した場合は、連続犯として重い傷害致死罪の刑に従い処分すべしとする大審院大正四年四月一五日判決(刑録二一・四〇二)があり、否定した判決としては、殺人罪との関係につき、継続的殺人意思で二個の異なる殺害方法を施したところ第一の方法では殺害の結果を惹起することが絶対不能でただ傷害の結果を生じたに止まり、第二の方法を用い始めて目的を達した場合は、傷

害罪と殺人罪とは連続犯にならないとする大審院大正六年九月一〇日判決（刑録二三・九九九）がある（同趣旨【1】尤も岡田（朝）博士は【1】を一包括殺人既遂と評せられる。同博士・刑法論各論二七一頁）。

（四）併合罪　まず、強姦罪との関係につき、

【67】被告人カ判示佐々木某女ニ対シ判示ノ如キ暴行脅迫ヲ加ヘテ姦淫ヲ遂ケタル際佐々木某女カ口ニ噛ミタル前掛ヲ外サントシテ強引シ為ニ同人ノ門歯下齦ニ出血負傷セシメタル事実ハ刑法第百八十一条ノ罪ヲ構成スルコト明確ナルモ其ノ後段ニ於ケル被告人佐々木某女ノ口外ニ依リ事ノ発覚スヘキコトヲ惧レ内密ニスヘキコトヲ迫リタルニ同人カ之ニ応セサリシヲ以テ……同人ノ右手ヲ逆ニ捻上ケ其ノ右上腰部ニ治療五日ヲ要スル捻挫症ヲ蒙ラシメタル行為ハ強姦行為完了後ノコトニ属シ全然別個独立ノモノナルコト明白ナルヲ以テ該行為ハ右強姦罪ニハ関係ナク単純ニ刑法第二百四条ノ傷害罪ヲ構成スルニ過キサルモノ」（大判大一五・五・一四刑集五・一七八）。

とするものがあり、

次に、脅迫罪との関係については、

【68】「脅迫罪ト之ヲ犯スニ際リ偶然ニ実行セラレタル傷害罪トハ併合罪トシテ処断スヘキモノトス」（大判昭六・一二・一四刑集一二・七六三）。

と判示するもの、及び、傷害後の脅迫に関し、傷害を加えた後、更に別個の害悪を告知し脅迫した場合には、たとえ傷害行為の直後同一場所でなされたものであつても、傷害罪の外に脅迫罪が成立し、両者は併合罪の関係に立つとする東京高等裁判所昭和二八年一一月一〇日判決（高裁刑集六・一二・一六六五）があり、さらに、銃砲刀剣類等所持取締令違反罪との関係については、東京高等裁判所に、刃剣類を不法に所持する者が、その刀剣類を使用して人の身体を傷害した場合は、銃砲刀剣類等所持取締令違反の罪と傷

害罪との併合罪が成立するとする、昭和二九年五月七日判決（東高刑時報五・四・一五五）がある。

一一　科刑その他

まず、科刑に関するものとしては

【69】「公務執行妨害罪と傷害罪とが刑法第五四条第一項前段の関係にある場合に傷害罪所定の罰金刑で処断するのは刑法第五四条第一項前段の規定の解釈を誤つたもので違法である。」（最判昭二八・四・一四刑集七・四・四〇五）。

とするものがあり、

次に、判示方法に関するものとして、まず、傷害用の器具の有無種類の判示不要を説く、

【70】「傷害罪ハ正当ノ理由ナク他人ノ身体ニ不良ノ変更ヲ生セシメタル事実アルニ於テハ器具ヲ其用ニ供シタルト否ト又其器具カ甲ナルト乙ナルトニ拘ハラス傷害罪ハ成立スルモノナルニ因リ器具ノ如何ト其有無トハ罪トナル可キ事実ト云フヲ得ス」（大判明四二・一二・七刑録一五・一七五〇）。

があり、次に、傷害の程度の判示不要を判示する、

【71】「刑法第二百四条ノ傷害罪ハ人ノ身体ヲ傷害スルニ依リテ成立スルモノニシテ原判決ニハ「被告ハ其所有ノ短刀ヲ以テ武蔵ノ左上膊外数箇所ニ創傷ヲ負ハシメタルモノナリ」ト判示シアルヲ以テ原判決ハ傷害罪ノ構成要件タル事実ノ判示ニ欠クル所ナシ而シテ傷害ノ程度ハ刑ノ量定ニ重要ナル関係アルヲ以テ之ヲ判示セサルハ叙事稍簡略ニ過クルノ嫌ナキニアラスト雖モ犯罪ノ構成ニ影響ナキヲ以テ其程度ヲ判示セサルモ不法ニアラス」（大判明四三・一一・一七刑録一六・二〇一七）。

及び、

【72】「苟モ人ノ身体ニ創傷ヲ負ハシメタルモノトスレハ其創傷ノ状況ノ如何ニ関セス常ニ刑法第二百四条

ノ罪ヲ構成ス可キヲ以テ必スシモ其創傷ヲ具体的ニ詳叙スル要アルコトナシ」(大判大四・一〇・五刑録二一・一四三八)。

がある。そして、さらに、暴行の方法の程度、兇器の有無種類の説示不要を述べる、大審院明治四四年三月一三日判決(刑録一七・三四五)がある。

いずれも、傷害罪は、手段方法の如何を問わず、苟くも、傷害の結果を発生すれば成立すること、これも、殺人罪が殺害の手段方法の如何を問わずに成立するのと全く同一なのであるから、当然のことであつて、敢えて説明する必要もなかろう。

最後に、憲法との関係につき、傷害被告事件において、被告人等の主張するところが、その勤務する工場の工務係において工員に対し時間外労働を強制したためこれに憤激し、同人を傷害したものであるという場合、右時間外労働強制の事実の有無を判示せず被告人等を処罰することは、憲法第三七条第一項に違反しない旨判示した最高裁判所の判決のあることを指摘しておこう。すなわち、それは、

「原判決は時間外勤務が強行せられたか否かについて判断を遺脱し公平でない裁判を行つたものであり、憲法第三七条に違反する。本件傷害行為については工務係川田が時間外勤務を強行せしめたことに対する被告人らの憤激が動機とせられているにもかかわらず、川田が時間外勤務を強行せしめたか否かが判示せられていない。もし川田が時間外勤務を強行させたものであるならば、憲法第十八条前段をジュウリンし労働者に奴隷的拘束を加えたものであり、かつ労働基準法第三二条に違反し、同法第一一九条によつて六ケ月以下の懲役または五千円以下の罰金に該当する犯罪であるから、かかる使用者側の犯罪行為が処罰せられないままで被告人等労働者の行為のみが処罰せられるのは公平でない。すなわち原判決は時間外勤務を強行せしめたか否かの

判断を遺脱することにより、被告人等の「公平な裁判所の裁判をうける権利」（憲法第三七条）を侵害するものであつて、憲法に違反し破棄せらるべきものである。」なる上告論旨を排斥した、

【73】「工務係川田千代安が時間外勤務を強行せしめたか否かは本件では公訴事実ではなく単に被告人高橋、同山下同福井等の判示第一の傷害行為の動機乃至縁由となつているのに過ぎない。さればその事実は本件では罪となるべき事実ではなく、また法律上犯罪の成立を阻却し又は刑を減免する事由でもないから、原審がこれについて判示しなかつたからといつて、何等判断遺脱の違法があるとはいえないし、また、もとより公平でない裁判を行つたものともいえない。それ故論旨は理由がない。」（最判昭二五・七・一九刑集四・八・一四一四）。

とする判決である。

三　傷害致死罪

一　学説

刑法第二〇五条は、傷害致死罪を規定する。そして、本罪は典型的な結果的加重犯である。刑法第二〇四条の傷害罪についても、それが結果的加重犯なりや否や争いのあることを指摘したが（一九頁以下参照）、傷害致死罪を結果的加重犯と解することには疑問の余地がない。

さて、結果的加重犯というのは、一定の犯罪につき行為者の予見せざる重い結果の発生した場合、法律が其の刑を加重して居るものをいい（マイヤーは、その刑法教科書の中で、結果的加重犯を以下の様に説明している。すなわち、『構成要件には、二個の結果が重要であり、而かも明かに互に相異るので、如何なる方法で法律家が結果を算えるかを考慮する必要のないものがある。例えば、或る人が犯人の放火した火焔で焼死したとせんか、何人も放火が一の結果であり、焼死が他の結果であることを疑うまい。然し、此の如き異る結果が時に一つの構成要件に結合され、第二の結果が第一の結果から展開した

場合には、それ自体として、すでに、可罰的な第一の結果の惹起をより重き刑に問うことがある。……此の如く構成された構成要件を、人は結果的加重犯と呼ぶ。何となれば、最後の結果が刑の加重原因であるからである』と（M.E.Mayer, Der allgemeine Teil des deutschen Strafrechts, 1915, S.120.）、基本たる一定の犯罪は故意犯であることが通常であるが、必ずしもそうとは限らない（ドイツ刑法第三〇九条は失火致死罪を規定している。）。しかし、いずれにしても、この結果的加重犯は、結果的責任を問う最も顕著な場合であること、いうまでもない。されば、ラートブルッフは、『刑法史の道程は結果責任より意思責任へ通じているということが正しいとするならば、我々の刑法はその目標よりなお遙かに隔っている』と述べて（Radbruch, Erfolghaftung ; VDA. II. Band, 19 S, 227.）、かかる思考が前世紀的なものであることを喝破しているのであるが、現に、わが改正刑法仮案第一二条も、『結果ニ因リ刑ヲ加重スル罪ニ付テハ其ノ結果ノ発生ヲ予見シ得ヘカリシ場合ニ限リ重キニ従テ処断ス』と規定し、新らしい傾向に合致せんとしている。然るに、従来の学説・判例の態度は、こうした新傾向と一致しない。従つて、そこには、必然的に学説の対立を見ることになる。すなわち、問題は、基本たる犯罪と結果たる重い事実との間に、如何なる関係が存在する場合に、行為者はその重い結果についても責任を負わねばならないかということである。そこで、まず、これまでの学説を整理しておくことにする。それには学説を、（一）因果関係論によるもの、（二）責任論によるものに二分し、更に、前者を、⑴条件説によるもの、⑵相当因果関係説によるものに細分し、同じく、後者を、⑴過失説、⑵予見可能説に細分して考えるのが便利であろう（なお、結果的加重犯の詳細については草野教授の、すぐれた論文・結果的加重犯（草野豹一郎・刑法改正上の重要問題〔昭和二五年〕六七頁以下）を参照せられたい）。

（一）因果関係論によるもの

⑴　条件説によるもの　基本たる犯罪と重い結果との間に条件的な因果関係さえあれば足りる

とする説である。この説によられる学者としては、夙く、旧法時代に、宮城法律学士があり、また、勝本博士がある。まず、宮城法律学士は、旧刑法第二九九条の殴打創傷致死罪につき、『本条の罪を成すには、有意にて暴行即ち殴打することを要す。故に若し無意に出でたるときは過失殺を成す。若し殺意あるときは故殺を成すべし。……創傷は結果に付きて観察すべし。……致死は創傷が其因を為したることを要す。即ち本罪を成すには、故意の殴打の為めに創傷し、其創傷によりて死を致したることを要す。……致死は直接に創傷に原因するを要せず、間接、即ち創傷が致死の助力を為したるときにても、亦本罪たるを妨げず』と説かれて居り（宮城浩蔵・刑法正義下巻（明治二六年）六四〇頁以下）、また、勝本博士も、殴打創傷罪の故意につき、『吾輩は人身に損害を与ふべき所為をなすの意思、尚詳言すれば人身に損害を与ふる性質の所為を為すの意思あるを以て足れりとするが故に、其所為が苟も人を傷くるに足るべきものたることを知りて之を為したる以上は、優に本罪を構成すべく、更に人を傷くの意思あることを要せずと確信す』と述べられている点からみれば（勝本勘三郎・刑法析義各論下巻（明治三三年）五六頁以下）、語義稍明瞭ではないが、条件説によるものと解されよう（ドイツ従来の通説であった。その詳細については、前掲、草野豹一郎・結果的加重犯七九頁以下参照。尤も、現在然らざることについては後述。）。いずれにせよ、現行刑法になつてからこの説の主張者あるを余り聞かないところをみても分る通り、学説としては古きものに属する。

(2)　相当因果関係説によるもの　基本たる犯罪と重い結果との間に相当因果関係がなければならぬとする説である。まず、泉二博士は、『傷害罪ヲ犯スニ因リ人ヲ死ニ致シタルトキハ重ク処罰ス可キ結果犯トナル此場合ニハ致死ノ結果ヲ予見セサルコトヲ要スルモノニシテ殺意アルトキハ殺人犯タリ若シ夫レ死亡ヲ予見セサルコトニ付テハ過失ノ有無ヲ問ハスト雖モ傷害行為ト死亡ノ結果トノ間ニハ相当ノ因果関係アルヲ要ス』と解されて居り（泉二新熊・刑法大要五七二頁）、最近では、植松教授が、『傷害致死罪は二重の結果的加重犯としても成立する』とされ（植松正・刑法概論五九八頁）、『傷害致死罪については、往々因果関係が問題になる』と指摘されながら（同書同頁）、総論のところで、『思うに、刑事責任の本質からいえば、過失すら存しない結果についてまで、責任があるとすべきでないとの説（前説）は、一見正当であるかに似ているけれども、元来、その基礎には故意行為があるのであるから、故意も過失もなしに発生した結果に対する責任を問うのとは、同日の談でないばかりか、過失を要するとすることには、なんら成文上の根拠もない。これらの理由により、卑見は後説（いやしくも基本たる行為を原因として生じた結果ならば、その結果の発生を予見しなかつたことについて過失の有無を問わず責任があるとする説＝筆者註）を正当として支持する。こう解することは、傷害罪が実質上は暴行の結果的加重犯であるのに、一般に傷害の結果発生につき特に過失を必要とされないことにも符合するものである。この見解につき、特に誤解のないように望むのは、基本たる故意行為と不測の結果との間に、因果関係の存在することは必要であるという点である。従つて、無関係の事実についてまで、過度に行為者に責任を帰するものではないのである』（同書一四六頁）と論じられながら、しかも、因果関係につき相当因果関係説を採用されている点からすれば（同書一五二頁）、やはり、同教授もこの説に与するものである。学説としては、条件説によるものより、一層新らしいものといえよう。

（二）　責任論によるもの

(1)　過失説　結果的加重犯については、その結果に付過失が存しなければ、刑を加重し得ないとする説である。例えば、小野博士が、『前者（一般傷害致死罪＝筆者註）は、重い結果による加重構成要件であり、後者（尊属傷害致死＝筆者註）は身分によつて更に加重された構成要件である。これは結果的責任である（若し死の結果に対する意思があつたのなら、殺人の罪となる）。通説は、その重い結果につき故意は勿論、過失も必要でないとする。しかし、私は過失を必要とするものと考へてゐる』と説かれ（小野清一郎・刑法概論三三四頁）、また、宮本博士が、結果的加重犯を二種に分ち、『一は犯人が重き結果に付きても予見あるを妨げざる場合にして（例、傷害罪及び之に準ずる罪、強盗致死罪（刑二四〇）等）、一は特に予見なきことを要する場合なり（例、傷害致死罪（刑、二〇五）及び之に準ずる罪）。前者を比較的多しとす。而して此等の場合に、予見なき重き結果に付過失を要すとする説と之を要せずして所謂不可抗力に因る結果に付ても責を負うべきものとする結果責任説とあれども、積極説を正当とす』と論ぜられているが如きこれである（宮本英脩・刑法学粋三二六頁、尚、同博士・刑法大綱（昭和一〇年）一六一頁参照。同趣旨江家義男・刑法概論各論一七〇頁）。

(2)　予見可能説　重い結果の予見可能性を必要とする説である。例えば、滝川他刑法コンメンタールに、『第一項の傷害致死罪の加重原因は、「人ノ死」の惹起であり、結果的加重類型である。加重結果に対して、予見の可能性あることを要する』とあるが如きこれであり（同書二五七頁）、また、木村博士が、『傷害行為と死の結果との間には単に相当因果関係の存在することを必要とする説があるが、正確ではない。然し、其の場合、相当因果関係の折衷説を採り、行為の当時行為者が認識したる事情及び注意深き第三者が認識し得べかりし事情を基礎として一般人の見解に於て結果の発生が予見せられ得べきであつた場合に限ると為すのであれば正しい』とされるが如き（木村亀二・刑法各論二七頁）、これに属するものといえよう。

尤も、如上の過失説と予見可能説との間に実際問題として、如何程の差異があるか疑問である（しかし、故意の成立に違法性の意識を必要とするかどうかの問題で、過失説をとるか、予見可能説をとるかは、大きな問題である。前者に従えば、四階階へ（すなわち、（一）故意犯としての処罰（二）刑法第三八条第三項の適用、（三）同第三六条第二項の適用、（四）無罪）の構想が可能であるが後説に従えば故意犯か過失犯かのどちらかになつてしまう）。されば、最近の多くの学説は、或は、『結果的責任の場合に、その重い結果につき過失を必要とするものと解するならば、死の結果の予見が可能であつた場合に限られる』とし（小野清一郎・刑法講義各論一七三頁）、また、或は、『死の結果は認識可能の範囲に属すること、即ち、過失が認められることを必要とする』とする（瀧川幸辰・刑法各論四五頁、同趣旨斎藤金作・刑法各論二一四頁、小泉英一・刑法各論一七六頁）。

要するに、責任論で解決せんとするのが、最近の通説であるということになる（すでに、改正刑法仮案は、この趣旨を明かにしていること前述の如くであるし、また、ドイツでも、その現行刑法も、その第五六条が『法律が行為の特別の結果についてより重い刑を結びつけているときは、行為者が少くとも過失によりこの結果を招来した場合のみに限り、この重い刑をその行為者に科する』と規定しているところから、責任説が通説である。Vgl. Kohlrausch-Lange, Strafgesetzbuch, 41. Aufl., 1956, S.451, Schönke-Schröder, Strafgesetzbuch, 7.Aufl., 1954, S. 646, Welzel, Das deutsche Strafrecht, 5.Aufl., 1956, S.231. 尤もメツガーは説を異にし、死について過失があつた時は、傷害と過失致死との想像的競合と解している。Vgl.Mezger, Strafrecht, II Besonderer Teil, 3.Aufl.,1952. S. 41.）。

右のほか、傷害意思の要否につき、或は、『本罪ヲ以テ傷害ヲ犯スニ因テ予見セサル死ヲ致生スル罪トナシ傷害罪ハ傷害ノ予見（少クモ不確定ノ）有ルコトヲ要スト解ス……縦令故意ニ暴行ヲ加フルモ全然傷害ヲ予見セスシテ死ヲ致生スルハ本罪ニ非スシテ過失致死罪ナリ』とするものもあるが（岡田朝太郎・刑法論各論二七二頁）、傷害罪の中暴行罪の結果的加重犯たるものについては、該傷害罪自体が結果的加重犯なのであるから、傷害の意思を必要としないと解するのが正しいことは敢えて説明の必要もあるまい。

それはとにかく、果して、われわれは、結果的加重犯に関する右諸説の何れを以て正当とすべきであろうか。やはり、われわれは、責任論によるものを妥当としなければなるまい。なんとなれば、刑事責任論の発展は、逐次、偶然的、客観的責任論から主観的すなわち責任主義の責任論へ、いいかえれば、刑法史の道程は結果責任より意思責任へと通じており、そして、意思責任を目標として歩むのが進化の理法であるとするならば、結果的加重を論ずるに方つては、独り立法問題としてのみならず、解釈問題としても、偶然責任から引離して理解すべきであつて、基本たる犯罪より重き結果が発生した場合でも、行為者に重き結果に対する予見可能又は過失の存在しない限り、重き刑事責任を負わせるべきではないのである。この意味に於て、重き結果は、結果的加重犯の構成要件を為すものであり（加重犯罪構成要件 ein qualifizierendes Tatbestandsmerkmal）、行為者の責任が及ばなければならないのであつて、最早、重き結果を目して加重処罰条件（ein Bedingung der erhöhten Strafbakeit）と解すべきではないのである（草野豹一郎・結果的加重犯一〇六頁以下参照）。

成程、相当因果関係による説は、因果関係の存在のみによつて責任を決せんとする限り、条件説による説よりも妥当であろう。しかし、因果関係の確定と責任の確定とは、別個の問題である。如何に結果的加重犯だからとはいえ、因果関係論をもつて責任論に代えんとするのは、近代刑事責任理論の発展を無視するものと評するの外ない。犯人の意図に上らざりし結果なるが故に、より一層、過失乃至予見可能を必要としなければならない筈である。

かく考える時、われわれは、重い結果について予見可能乃至過失のあつた場合に結果的加重犯を認める見解を正当としなければならないのである。

二　傷害致死罪の故意

右に述べた学説から明らかな様に、傷害致死罪に於ける故意は、暴行の故意又は傷害の故意である外に、結果に対する予見可能又は過失の存在を必要とすることが最近の通説であるが、傷害罪を、もつぱら、結果的加重犯と解し、暴行の故意で足りるとする判例の立場からすれば、傷害致死罪の故意についても、暴行の故意で足りるとすることは当然の帰結である。従つて、判例は、この点につき、一貫して、如上の見解を繰返している。例えば、傷害罪もしくは傷害致死罪の構成には、犯人においてはその原因たるべき行為をする意思があれば足り、その結果に対する故意があることを必要としない旨判示する大審院明治四三年三月八日判決（前出【26】）、傷害致死罪の故意としては、人の身体に暴行を加える認識があれば足り、傷害の結果を認識することを必要としない旨判示する

【74】「傷害致死罪ノ犯意アリトスルニハ人ノ身体ニ暴行ヲ加フルノ認識アルヲ以テ足リ傷害ノ結果ヲ認識スルコトヲ必要トセサルモノニシテ此趣旨ハ当院判例ニ於テモ是認セラルル処ナリトス（大正十一年(れ)第一五五号同年十二月十六日第三刑事部判決参照）原判示事実ニ依レハ被告ハ故意ヲ以テ井上松太郎ニ判示ノ如キ暴行ヲ加ヘ以テ判示傷害ヲ蒙ラシメ其ノ結果同人ノ死ヲ招来セシメタルモノナルコト明カナルヲ以テ特ニ傷害ノ故意アルコトヲ判示セサルモ傷害致死罪ノ判示トシテ毫モ欠クル虞ナキモノト謂フヘシ」（大判大・一五・七・三一新聞二六二七・一二評論一五刑法三三九）。

とする判決、そしてまた、傷害罪または傷害致死罪の成立には、暴行を加える意思があることを必要とするが、その暴行が傷害の結果を生ずることがあるという性質を有することを認識する必要はない旨及び、

【75】「暴行ヲ加フルノ意思アリテ暴行ヲ加ヘ傷害又ハ致死ノ結果ヲ生シタル以上縦令傷害ノ意思ナキ場合ト雖傷害罪又ハ傷害致死罪成立ス」（大判昭四・二・四刑集八・四一）。

と判示するもの（同趣旨大判昭七・四・一八新聞三四〇五・一七評論二一刑法九八）。

さらに、人の身体に暴行を加える認識があつて暴行を加え、よつて溺死させたという、

「被告人ハ酒癖悪シキモノナルトコロ昭和十六年九月五日出先ナル石井庄作方其ノ他ニ於テ飲酒ノ上帰宅ノ途次同日午後八時頃肩書居村大瓜字井内県道ニ於テ偶々小野悦治（当時四十一年）ト出会フヤ互ニ酩酊シ居リタル為些細ノコトヨリ口論ヲ始メ附近ナル通称稲井原堤防ニ到ルヤ遂ニ格闘トナリ被告人ハ悦治ノタメ組伏セラレ剰ヘ水深丈余ノ北上川ニ突落サレ辛フシテ這上ルノ憂目ニ遇ハセラレタルヨリ激怒ノ余リ同人ヲモ川ニ突落シテ報復ヲ為サンコトヲ決意シ直ニ附近川縁ニ佇ミ水面ヲ打眺メ居リタル悦治ノ背後ニ忍寄リ突如同人ヲ右北上川ニ突落シタルカ其ノ結果遂ニ同人ハ溺死スルニ至リタルモノナリ」

という事実につき、被告人は判示報復の為悦治に対し暴行を加える認識の下に行つたとの理由で、

【76】「人ノ身体ニ対シ暴行ヲ加フル認識アリテ暴行ヲ加ヘ因テ致死ノ結果ヲ生セシメタル以上刑法第二百五条第一項ニ謂ユル致死罪成立ス」（大判昭一七・四・一一刑集二一・二一四）。

と判示したものがある（評釈・小野清一郎・傷害致死罪と傷害の意思並に事実ー酌量減軽の一事例・刑釈五巻（昭和二四年）九一頁）。いずれも、前述した様に、暴行の故意で足りるとしたものであり、これに対しては学説から批判のあること、これまた、前述の通りである。かかる見解は、最高裁判所になつてからも踏襲され、例えば、

【77】「傷害致死罪の成立には、致死の結果を予見することが可能であつたことは、その要件でない。」（最判昭二六・九・二〇刑集五・一〇・一九三七）。

【78】「傷害致死罪の成立には暴行と死亡との間に因果関係の存在を必要とするが致死の結果についての予

見を必要としない」右「因果関係の存する以上致死の結果を犯人において予め認識することの可能性ある場合でなくても、傷害致死罪を構成する」（最判昭三二・二・二六刑集一一・二・九〇七）。

とするものがあつて、こうした点では、一貫した態度がとられている。

三　傷害と死亡との間の因果関係

右の如く、傷害致死罪につき暴行の故意で足りるとする判例の立場からは、傷害と死亡との間の因果関係が責任の極め手として重要になつてくることはいうまでもない。ところで、因果関係については、前述の如く、条件説によるものと相当因果関係説によるものとが区別されるのであるが、判例は、一体、どちらの見解に従つているのであろうか。判例を通観したところ、条件説によるものが多いようであるが、同一判例についても、学説は、或はこれを条件説によるものとし、或は相当因果関係説によるものと解し、帰一するところを知らないものもある。そこで、以下、学説の説くところも考慮して、判例の跡を辿ることにする。

まず、大審院明治四三年一〇月三日判決は、

【79】　「被害者カ直接ニ身体ノ衰弱ニ因リテ死亡セシ場合ト雖モ、其衰弱ニシテ傷害ニ基因シタル以上ハ傷害ヲ以テ直ニ死亡ノ原因ト判断スルモ失当ニ非ス」（刑録一六・一五八九）。

と説示している。文意必しも明瞭ではないが条件説に拠つているものと解すべきであろう。而して爾来、わが大審院は結果的加重犯に付ても条件説をとつているものと解されている。

ところが、中には、相当因果関係説によると思われるものがある。例えば

まず、結果の発生に原因を与えた場合は、その原因が直接であると間接であるとを問わないものとして、

「被告ハ当時七十九歳ノ高齢ニ達シタル老衰セル祖母ヲ殴打シ以テ其右肩胛関節ノ脱臼ヲ惹起セシメタルカ為メ同人ハ病床ニ呻吟シ衰弱日ニ加ハリ一ケ月余ヲ経テ遂ニ死亡シタ」

という事実に対して言渡された

【80】「結果ノ発生ニ対スル原因ヲ与ヘタル時ハ其原因ハ直接原因ナルト間接原因ナルトハ之ヲ論スルヲ要セス又原因ノミニテハ結果ヲ発生セスシテ他ノ原因ト相合シテ結果ヲ発生シタル場合ナルト否トハ之ヲ問フ所ニ非ス而シテ特定ノ行為カ原因トナリ特定ノ結果ヲ発生シ又ハ之ヲ発生スルコトアルヘキコトカ吾人ノ知識経験ニ依リ之ヲ認識シ得ヘキ場合ハ其行為ヲ為シタル者ハ其結果発生ニ付キ原因ヲ与ヘタルモノトス……斯ノ如ク被告カ七十九歳ノ老衰者ニ対シテ上述ノ如キ傷害ヲ加フルトキハ上述ノ如キ経過ニ由リ其死亡ヲ来スヘキコトアルハ吾人ノ知識経験ニ依リ之ヲ認識シ得ヘキ所ナレハ原審カ被告ノ右所為ニ対シ刑法第二百五条第二項ヲ適用シタルハ相当ナリ」（大判大二・九・二二刑録一九・八八六）。

がある。これは相当因果関係説によつたものと言えよう（同説、平井彦三郎・刑法論綱各論二八一頁。尤も、岡田博士は、本判決を以て、責任論と因果論とを混淆したものと評されている。岡田朝太郎・刑法論各論二七三頁）。

次に、創傷のため膿毒症を起し、これがため死亡した場合は、傷害致死の罪責を免れない旨判示した

【81】「原判決ハ……被告カ刺身庖丁ヲ以テ渡辺藤太郎ノ左大腿部ヲ突刺シ深サ約四寸ニ及ヒタル創傷ヲ被ラシメ藤太郎ハ右創傷化膿ノ為膿毒症ヲ発シ遂ニ死亡シタル事実ヲ認定シタルモノニシテ右事実認定ニ依レハ藤太郎ノ死亡ノ結果ハ直接膿毒症ヨリ生シタルモノナルモ其ノ膿毒症ハ傷害ニ基因シタルヤ明ナリ而シテ創傷

ノ為メ化膿スルコトハ普通有リ得ヘキ事柄ニシテ藤太郎ノ死亡カ治療ニ当リタル医師ノ責任ニ帰ス可キ過誤ニ基クコトハ原判決ノ認メサル所ナレハ同人ノ死亡ヲ以テ偶発的原因ニ基クモノト論スルヲ得ス」(大判大三・九・一一刑録二〇・一五八二)。

がある。しかし、その本源は、やはり、条件説にあるものの如く、例えば、大審院大正七年一一月三〇日判決は、

【82】「人ノ身体ヲ不法ニ侵害スルノ認識ヲ以テ為シタル意思活動ニ因リ被害者ヲ死ニ致シタルトキハ傷害致死罪ヲ構成スルモノニシテ此意思活動カ一原因タルニ於テハ斯ル認識ナキ犯人ノ挙動カ之ニ附加結合シテ致死ノ結果ヲ生スルニ至リタル場合ト雖該意思活動ト致死ノ結果トノ間ニ因果関係ノ存在ヲ認ムルヲ得ヘキモノナルカ故ニ此ノ如キ場合ニ於テハ傷害致死罪ノ成立ヲ認ムヘキハ当然ノ論理ナリト謂ハサルヘカラス之ヲ原判決ノ確定シタル事実ニ徴スルニ被告ハ被害者寛ニ対シ暴行ヲ加ヘテ之ヲ傷害シ其仮死状態ニ陥ルヤ之ヲ死亡シタルモノト誤信シ犯跡ヲ掩フ目的ヲ以テ同人ヲ水中ニ投入シタル為メ同人ハ多量ノ水ヲ吸入嚥下シ終ニ完全ニ窒息死ヲ遂クルニ至リタルモノニシテ即チ被告カ被害者寛ニ対シ暴行傷害ヲ加ヘタル意思活動ハ寛ハ既ニ死亡シタルモノト誤信シテ水中ニ投入シタル挙動ノ附加ニ因リ相合シテ同人ヲ死ニ致シタルモノナレハ被告ノ行為ハ包括的ニ単一ノ傷害致死罪ヲ構成スルヤ明ナリトス従テ叙上暴行傷害ノ意思活動ト水中ニ投入シタル挙動トヲ分離シ前者ヲ刑法第二百四条ニ照シテ処断シ更ニ後者ニ付過失ノ有無ヲ審査シ過失致死罪ノ成否ヲ問フカ如キハ正当ノ解釈ニアラス然ルニ原判決ニ於テ二者ヲ分離シテ上文説示ノ如ク処断シタルハ擬律錯誤ノ不法アルモノト謂ハサルヘカラス以上説明シタル如ク本件ハ単一罪ヲ構成スルニ過キサル事案ナルヲ以テ其一部ニ対シ擬律錯誤ノ不法アルコトヲ主張スル本論旨ハ結局原判決ノ全部ニ対シ理由アルニ帰スルカ故ニ原判決ハ此点ニ於テ全部破毀ヲ免レサルモノトス」(刑録二四・一四六五)。

と判示している（この判決については三説がある。第一は傷害致死罪説で、苟も暴行が原因となつて死の結果が生じた事実があれば、例えば、暴行後死亡せるものと誤信して水に投じた如き他の原因が加わつて死の結果が生じたときでも傷害致死罪である。とするものであり（島田武夫・刑法概論各論初版一七二頁。尤も、島田博士は、『日本刑法新論』（大正一四年）では次の第二説に従われている。同書一五七頁参照。第二は傷害並びに過失致死罪説で、之に牽連犯説と併合罪説とがある。牽連犯説は、問題の場合の犯行傷害罪と過失致死罪との牽連犯なり、とし（岡田庄作・法学志林二一巻八号（大正八年）八〇四頁）、併合罪説は、傷害を加えたる後死亡と誤信水中に投入し、相合して死に致したるときは傷害する意思と水中に投入する意思とは二個別々に発生し、行為亦二個存するものなれば、之を包括的一行為と認むるは不可。斯る場合に、水中投入は社会通念に於て常在の事実と認め難き故に、相当因果関係存するものと云うを得ず。従て余は傷害罪と過失致死罪との併合罪と解す、とする（平井彦三郎・刑法論綱各論（昭和九年）二八二頁）。そして第三は傷害罪説で『問題の如き場合には致死に対する責任なく単に刑法第二〇四条傷害罪に該当するものとす』とする（名控大七・四・六））。

さらに、医師の診療が適切でなかつた場合につき大審院大正一二年五月二六日判決は医師の診療宜しきを得なかつたことが、死亡の一因であつたとしても、暴行と致死との間に因果関係を認めることができる旨判示しているし（刑集二・四五八）、（平井博士は、本判決は観客的相当因果関係説によつたものとされ、『致死ノ一因ヲ与ヘタル者ハ総テ傷害致死ノ責任ヲ負ハサル可ラス』とされる。同博士・刑法論綱各論二八二頁）同じく、昭和八年九月四日判決も被害者の傷害に対する医師の診療が適切でなかつたとしても、傷害致死罪の成立を阻止すべきものではない（新聞三六一三・五・評論二二刑法二九五）、としている。

次に、共同原因が存する場合につき、被害者の体質が普通人よりも脆弱であつたため死亡したという事実に対し、

【83】「ある行為が他の事実と相まつて結果を発生させた場合でも、その行為と結果との間に因果関係を認めることを妨げない。」（最判昭二二・一一・一四刑集一・六）。

と判示したものがあり、傷害に基因した衰弱による死亡に関し被害者が直接身体の衰弱によつて死亡した場合でも、その衰弱が傷害に基因した以上、該傷害を死亡の原因と判断しても失当ではない（前出【79】）とするものもある。

その他、被害者自ら水中に飛び込み溺死した事例につき、

【84】　「粂太郎カ被告房吉ノ暴行ニ関スル動作ニ因リ意思ノ自由ヲ失ヒ其水ニ飛込ミ溺レタル状態ハ恰モ陸上ニテ同様ノ状態ニ陥リタル者カ逃走顚仆スルト同一ニシテ畢竟被告房吉ノ動作トノ間ニ因果ノ連絡アルモノト謂フヘク従テ粂太郎ノ溺死ハ被告房吉ノ暴行ヲ原因トスルモノニシテ被告房吉ハ之レカ結果ニ付キ刑法上ノ罪責ニ任スヘキモノトス」(大判大八・七・三一刑録二五・九〇三)。

と判示して、被害者が加害者の暴行を避ける唯一の手段として自ら水中に飛び込み溺死した場合、加害者は傷害致死の罪責に任ずべしとしたもの、被害者の疾病泥酔が介在する場合につき、被害者が疾病、泥酔等の障害により死の転帰を免れない状態にあったとしても、暴行による傷害が死の転帰の動機を与えた場合は、傷害致死の責を免れない(朝鮮高院判大一三・三・一三評論一三刑法二〇七)旨説示したもの、脳血管硬化症にかかっていた被害者が脳出血で死亡した場合につき、他人に暴行を加えて被害者を憤激させ、その精神興奮と反抗闘争中の筋肉激動のため、かねて脳血管硬化症にかかっていた被害者の血圧を上昇させ、脳出血を発作し死亡するに至らせた場合は、本罪が成立する(大判大一四・一二・二三刑集四・七八〇)とするもの、被害者が自ら水中に投じた場合につき、

【85】　「被害者ノ死亡ノ原因カ犯人ノ加ヘタル高度ノ火傷ニ基ク心臓麻痺ニ因ルコト明確ナル以上ハ被害者カ水中ニ投シ急速ナル体温ノ逸出ヲ来シ心臓機能ノ衰弱又ハ其ノ麻痺ノ程度ヲ加ヘタル事実アリトスルモ前示被害者ノ行為ノ介入ハ犯人ノ加ヘタル傷害ト被害者ノ死亡トノ間ニ於ケル因果関係ヲ中断スルモノニアラス」(大判昭二・九・九刑集六・三四四)。

とするもの、

結果発生を助成した場合である、

「被告人忠次郎カ簿記用丸棒ヲ以テ宇吉ノ頭部ニ創傷ヲ加ヘタル為同人ヲシテ重症脳震盪症ヲ起シ反射機能ヲ喪失セシメタルコトト偶々其ノ後ニ介入セル右繁太郎外一名ノ江川ニ投入シタル行為ト相俟テ宇吉ヲシテ深サ八寸内外ノ水中ヨリ全然首ヲ上クル力ナク泥水ヲ飲ミ溺死スルニ至ラシメタル案件ナリ」

という事実に対し、

【86】「犯人ノ加ヘタル傷害カ同一被害者ニ対スル第三者ノ暴行ニ基ク致死ノ結果発生ノ共同原因タル関係アルトキハ犯人ハ傷害致死ノ罪責ヲ免ルルヲ得ス」（大判昭五・一〇・二　五刑集九・七六二）。

と判示したもの、

余病が主因となつて被害者が死亡した場合につき、

【87】「被告人ノ傷害行為カ原因ト為リテ直接間接ニ幾多ノ疾病ヲ醸シ其ノ間接ニ生シタル余病カ主因ト為リ他カ副因ト為リテ被害者ノ死亡ヲ招来スルニ至リタルモノナルコトヲ認メ得ヘシ而シテ判示ノ如キ病体ニ在ル者ニ余病ノ発生ヲ見ルコトハ常在ノ事実ニシテ稀有ノ現象ニ非サルヲ以テ該余病カ死亡ノ主因ナリトスルモ被告人ノ行為ト死亡トノ間ニ法律上因果関係ヲ認ムヘキモノナルコト勿論ナリ又該余病ノ発生カ被害者ノ摂リタル食餌ニ何等カノ関係ヲ有シ且仮ニ該摂取ニ付被害者ニ多少ノ不注意アリタリトスルモ其ノ事由ニシテ異常特殊ノモノニ非サル限リ因果ノ連絡ヲ認ムヘキモノトス本件ニ於テハ上告論旨ニ依ルモ被害者カ「シビ刺身」ヲ食シタルノ一事アルニ過キサレハ之ニ因リ病勢ニ不良ノ影響ヲ与ヘタルコトアリトスルモ以テ因果関係ヲ遮断スト為スヲ得サルヤ明カナリ」（大判昭六・八・六　刑集一〇・三六九）（本判決については、草野豹一郎・傷害致死罪の成立と相当因果関係（刑事判例研究第一巻）〔昭和九年〕一二頁以下参照）。

と判示して、

被告人の傷害行為が原因となつて直接間接に幾多の疾病を醸し其の間接に生じた余病が主因となり、

被害者の死亡を招来した以上縦令食餌に関する被害者の不注意が副因であつたとしても被告人は傷害致死の罪責を免れ得ないとしているもの（平井博士は、本判決も、客観的相当因果関係説によるものとされる。同博士・刑法論綱各論二八二頁）、被害者が安静を欠いた場合につき、被告の行為と、被害者の砒素中毒症による死亡との間に因果関係がある以上、被害者が安静を欠いたためその因果関係を断絶することができなかつたとしても、傷害致死の責を免れない旨判示したもの（大判昭一〇・一・二四新聞三八三一・七、同趣旨大判昭一四・九・一一評論二八刑法一八六）暴行が病状を悪化させた場合につき死因である脚気衝心の直接原因が脚気病であつても、暴行が該病状を悪化させた以上、暴行と死亡の間に因果関係があるとしたもの（大判昭一五・四・一新聞四五七三・九評論二九刑法一一一・彙報五一下刑六七）、傷害に基因する余病により死亡した場合につき、傷害に基因する急性化膿性腹膜炎並びに敗血症により死亡した場合、右傷害は死亡に原因を与えたものといい得るとしたもの（大判昭一六・八・二九判決全集八・三〇・二二）余病併発により死亡した場合につき刺創を与え股動脈を切断し、これに対する治療過程において左股仮性動脈瘤を生じ、その破裂により被害者が死亡した場合、右傷害行為と死亡との間には因果関係があるとしたもの（大判昭一六・一二・二八判決全集九・九・一九）、河中に突き落して溺死させた場合につき、人の身体に対して暴行を加える認識のもとに暴行を加え、よつてこれを溺死させた場合には、傷害致死罪が成立するとするもの（前出【76】、小野博士は、評釈に於いて、『本件において被害者を傷害した事実があるかどうかである。これは「傷害」の概念にかかる問題である。傷害ということを外形的に体躯の完全性を害することとのみ考えるならば窒息とか、中毒死、溺死などの場合には傷害がないということになるかも知れない。しかし、傷害とは外形的な体躯の完全性を害することの外にひろく生活機能の毀損を意味するものと解すべきである』と論ぜられて本判決を支持されている。評釈九前掲三頁以下）。ある行為が原因となつて、ある結果を発生した場合に、其行為のみで結果が発生したのでは無くて、他の原因と相まつて結果が発生した場合でも其行為は結果の発生に原因を与えたものと言うべきであるから、被害者の体質が上告論旨の如く、普通人よりも脆弱である為めに死亡したもの

だとしても、原判決の認定した被告人の行為は傷害致死の原因となつたものだと認定することは正当であるとした左の判決、

【88】「被害者坂本繁三郎ハ老齢ニシテ骨質脆弱ナリ殊ニ被害者ハ数年前胸部肋骨ノ折骨ト胸膜疾患ニ依リ強度ノ脆質ヲ加ヘ普通人ニ見サル脆弱性骨質ナリ指先ニテ少シノ力ヲ以テ押スモ尚破損スルニ至ル且又肋膜ハ複ニシテ二枚アリテ一枚ハ肺ヲ包ムカ通常人ナルニ之カ癒着シテ柔弱ナル一枚ノ薄イ幕ナリ骨片ニテ容易ニ破傷シ肺出血ヲ惹起スル変質ヲ呈セリ更ニ多量ノ飲酒ノ際ナリシヲ以テ出血甚シク遂ニ致死スルニ至ル然ラハ被告人ノ加害行為ヲ以テシテハ通常人ナリトセハ傷害ノ程度ニ至ラス換言スレハ被告人ノ行為ハ傷害可能行為ニ非サルニ被害者ノ共同原因ニ依リ傷害トナリ更ニ致死トナル因果関係論上共同原因ト為ス被害者ノ先行的行為ニ依ル変体質ト飲酒ヲ本件処断ニ於テ重要ナル事実ト為ス」（最判昭二二・一一・一四刑集一・七）。

他人の行為が介在した場合につき、

【89】「ある行為と結果との間に、他人の行為が介在しても、通常その行為によりその結果の発生し得べきことが実験則上予測される場合においては、因果関係の中断は認められない」（最判昭二三・三・三〇刑集二・三・二七三）。

とするもの、特殊事情と相まつて致死の結果を発生させた暴行につき、

【90】「被告人の暴行もその与えた創傷もそのものだけでは致命的なものではないが（菊本医師は傷は一〇日位で癒るものだと述べている）被害者登竜は予て脳梅毒にかかつて居り脳に高度の病的変化があつたので顔面に激しい外傷を受けたため脳の組織を一定度崩壊せしめその結果死亡するに至つた場合には……たとえ被告人の行為が被害者の脳梅毒による脳の高度の病的変化という特殊の事情さえなかつたならば致死の結果を生じなかつたであろうと認められる場合で被告人が行為当時その特殊事情のあることを知らずまた予測もできなかつたとしてもその行為がその特殊事情と相まつて致死の結果を生ぜしめたときはその行為と結果との間に因果

関係を認めることができる。」（最判昭二五・三・三一刑集四・三・四七〇）（本判決については、玉重一之・それ自体では致命的でない暴行による致死と傷害致死罪の成立・刑釈一二巻（昭和二九年）七四頁以下参照）。

とするもの、それ自体致命的でない暴行による致死の場合に関するものとして、

【91】「顔面を蹴つた暴行行為は致命的なものでないとしても、たまたま被害者が高度の脳梅毒にかかつていたため、脳組織の破壊により死亡するに至つた場合は、傷害致死罪が成立する」（前出【90】参照）。

被害者の不注意な行為が介在する場合に関するものとして、

【92】「被告人の行為と被害者の死の結果との間に、被害者の不注意な行動が介在していても、被告人の行為が死の結果に対する有力な原因である以上、その間の因果関係は遮断されない。」（福岡高判昭二五・一一・二一高裁刑特報一五号一六四）。

猶、又、

【93】「被害者が血圧も高く心臓が慢性肥大症でわずかな精神的又は肉体的感動や興奮によつても心臓麻痺の起り得る状態にあつたこと、被害者の死因が心臓麻痺であつたこと、並びに被告人が被害者と口論の末同人を一回殴打し、被害者がこれに応じて喧嘩闘争をしたこと、被害者がその直後死亡したこと等の事実を認むることができる。従つて被告人の右暴行が被害者を興奮せしめ心臓麻痺の誘発原因となつたことは疑を容れないところであり、しかも傷害致死罪における致死の原因たる傷害はそれが唯一の死亡原因たることを要するのではなく、他の原因と相俟つて死の結果を惹起した場合をも含むものと解すべきであるから、たとえ本件被害者が前述の如く心臓慢性肥大症でわずかな興奮等により心臓麻痺を誘発する状態にあつたとしてもそれがため被告人の右暴行と被害者の死因との間に因果関係がなかつたとはいえないから原審が被告人の原判示所為を傷害致死として認定処断したのは正当である。」（福岡高裁昭三一・一〇・三ジュリスト一二二・九六）。

及び、

【94】「傷害致死罪における致死の原因たる傷害は、必らずしもそれが死亡の唯一の原因または直接の原因

たることを要するものではなく、他の原因と相まつて死亡の結果を招来した場合をも包含するものと解すべきである」（最判昭三二・三・一四ジュリスト一三一・一一七）。があるほか、遺棄罪との関係で、

【95】「精神病者ヲ保護スル責任アル者カ極寒ノ候戸外ニ推出シテ之ヲ遺棄シ因テ宿痾ノ肺気腫症ニ悪変ヲ来シ死ニ至ラシメタルトキハ遺棄行為ト病者ノ死トノ間ニ因果関係アルモノニシテ其ノ行為ハ遺棄致死ノ罪ヲ構成シ犯人カ病者ノ精神病者ナルコトヲ知テ肺気腫症ナルコトヲ知ラス且一般人ニ於テモ其ノ肺気腫症ナルコトヲ認識シ難カリシ場合ナリシトスルモ又病者カ深夜極寒中戸外ヲ徘徊スルニ堪ヘ得タリシ過去ノ事実アリシトスルモ遺棄致死罪ノ成立ニ影響ヲ及ホサス」

「刑法第二百十九条ノ遺棄罪ノ故意ノ成立スルニハ老者幼者不具者又ハ病者ニ対シ必要ナル保護ヲ欠クノ認識タニアラハ足リ敢テ此等ノ者ノ生命身体ニ対シ危害ヲ加フルノ認識アルコトヲ要セス否若シ所論ノ如ク其ノ生命身体ニ対スル危害マテノ認識ヲ伴フニ於テハ殺人罪又ハ傷害罪ノ故意ノ成立ヲ来シ遺棄罪成立ノ余地ナキニ至ルヘシ」（大判昭三・四・六刑集七・五・二九一）（本判決については、牧野英一・結果的責任と責任の原則（法学志林三一巻九号〔昭和三年〕九三頁以下）参照）。

として判示するもの、及び、業務上過失致死罪との関係につき、

【96】「傷害致死の罪は傷害罪の結果的加重犯であり、傷害罪はまた暴行罪の結果的責任としても成立するものであつて、その犯意の成立には暴行の認識あるをもつて足り、必ずしも傷害の認識あるを要せずしかも一般に犯意ありとするには行為の違法性の認識あるを要しないのはもとより、検察官所論の如き違法性認識の可能あることをも必要としないのであるからいやしくも他人の身体に暴行（違法な有形力）を加える認識のもとに暴行の所為に出で因つてこれを死に致した場合には、たとえ犯人が錯誤によりその行為を法律上許されたものと信じていたとしても傷害致死罪の成立あるを免かれない。なるほど疾病治療の目的をもつて医学上一般に

承認された手段方法により患者の身体に有形力を行使しまたは傷害を加えること、すなわち、いわゆる治療行為は、その性質上、刑法にいわゆる暴行もしくは傷害に該当しないか、または違法性がないものとして罪とならないが、同じく疾病治療の目的に出でたとしても、客観的には暴行ないし傷害に該当する違法な有形力を、主観的には疾病治療のため有効且つ適切な治療行為であると誤信してこれを患者の身体に加えた場合の如きはこれと異なり行為者に暴行ないし傷害に該当する外形的事実はこれを認識しながら、ただ錯誤によりこれが評価を誤りこれを適法な治療行為であると信じたため、行為の違法性の認識を欠いて行動したに過ぎないのであつて、事実の認識を欠いたのではないから、暴行ないし傷害の犯意ありとするに妨げはなく、因つて生じた結果につき、傷害ないしは傷害致死の罪責を負わねばならない。これを本件について見るのに、記録によれば、被告人両名はいずれも肩書の職業に従事する傍ら日蓮宗の信仰を通じ病気平癒のため加持祈禱を行うことを業としていたものであるところ、戸屋庫吉の妻キヨ（当時三十六年）が原因不明の病気のため身体衰弱し精神に異状を呈して不可解な言動をなすに至つたため右庫吉の依頼により両名共同してキヨの病気平癒のため加持祈禱を行うに当り、その方法として戸屋庫吉ほか三名の男子の協力のもとに、同女を仰臥せしめその両手両足を押さえた上原判示の如き経過により数名交交、且つ長時間継続して各自手拳または手指をもつて同女の腹部、胸部咽喉部等に強圧または強扼を加え、因つて同女をして甲状軟骨骨折のほか、頸部、腹部、上下肢等全身各所に無数の表皮剝脱皮下出血等の損傷を負わせ且つ呼吸困難に陥らしめ遂に頸部扼圧による窒息のため死亡するに至らしめたものであることを認めることができ、このように屈強の男子数名が協力して病気のため身体衰弱した女性の身体の重要部分に対し同時に且つ長時間継続して強圧または強扼を加えるが如きは患者の健康増進ないしは疾病治療のため有効な手段方法であるどころか、却つてその生理的機能を障害し、病勢を悪化せしめ、延いてはこれを死に致す危険のある有害無益な行為であり、到底医学上一般に承認せられた治療行為と同一視するを得ない違法な有形力の行使であつてこれが刑法上暴行に該当するものであることは、因つて生じた患者の身体傷害ないし死亡の結果に見るまでもなく検察官所論のとおりである。しかも、（証拠によれば）被告人両名は、その居住地方面に広く行われている迷信により前記戸屋キヨの病気はその体内にいわゆる「オオサキ狐」が憑いているためであり同女の腹部に玉のような塊りのあるのがその憑物であつて、同女の病気を治癒するためには加持祈禱によりこれを体内から追い出すこと、（俗にいわゆる「狐落し」）が必要であるがそれには祈禱をしながら叙上のような有形力を加えてこれを体外から促え腹部から胸部に押し上げ更に咽喉部に追い詰め捻り潰して退散させなければならないのであり、この方法は長期に亘る病気のため身体の衰弱している患者キヨの身体に対し異常に強度な力を加えるやり方であるから同女に身体傷害ないし致死の結果を招来する危険がないわけではないけれども、同女の憑物を退散させるためには必要且つ有効な治療方法であつて、これによりたとえ同女が一時苦痛を訴えて暴れることがあつても、結局はその身体生命に別状なく病気を平癒させることが可能であると一途に誤信しひたすら疾病治療の意図をもつて互に意思を通じ且つ叙上の四名をも説得し同人等とも共同して叙上の暴行に出でたものであることを窺うに足り、とりもなおさず被告人両名は客観的には違法な暴行に該当する外形的事実はこれを認識しながらただ迷信のためこれが価値判断を誤り患者キヨのため有効適切な治療方法であると錯誤妄信した結果、行為の違法性を認識しないでその所為に出でたものであつてこれを錯誤により事実の認識を欠いたものと解するに由がないから叙上説示の趣旨においても暴行の犯意ありとするに十分であると言わねばならない。果して然らば被告人両名の本件所為は暴行の認識をもつて右キヨに暴行を加え因つてこれを死に致したものに外ならないからこれが傷害致死罪を構成することは勿論である」（東京高判昭三一・一一・二八ジュリスト一二二・六六）。

と説示するもの等がある。

この様に判例を概観してみると、そこには相当因果関係説による二、三の例外はあるものの、その大部分が条件説によるものであり、しかも、本罪の故意を目して暴行の故意で足りるとする限り、判例の立場は、刑法史進化の過程から一層程遠いことになる。

四　違法性関係

まず、旧法時代に、懲戒の目的を以て雇人を裸体で屋外に立たしめ凍死せしめた事案につき、

【97】「雇人ヲ懲戒スルノ目的ヲ以テ裸体トナシ屋外ニ立タシメタル上凍死セシメタル所為ハ暴行ヲ加ヘ因テ死ニ致シタル者ナルヲ以テ殴打致死罪ヲ構成ス」(大判明三二・一一・一四刑録五・一〇・四〇)。

とするものがあり、また、正当防衛関係に次の三つのものがある。すなわち、その一は、

【98】「二人が口論の末互に殴合となり、そのうち一人が、殴られながら後方へ押されて鉄条網に仰向けに押しつけられた上、睾丸等を蹴られたので憤激の余り、所持していた小刀で相手に斬りつけ、その結果相手が死亡した場合には、その傷害致死の行為は、必ずしも正当防衛にあたらない」(最判昭二三・七・七刑集二・八・七九三)。

であり、その二は、

【99】「その同伴者佐藤が組敷かれているのを制止しようとしたところ、相手方から殴られたので、これを殴りかえして死亡するに至らしめたのである。即ち被告人は同伴者の喧嘩の渦中にまき込まれたのであつて、全般的に観ると正当防衛と言うことはできない」(最判昭二四・二・二二刑集三・二・二二七)。

であり、そして、その三は、過剰防衛に関する、

【100】「斧はただの木の棒とは比べものにならない重量の有るものだからいくら昂奮して居たからといつてもこれを手に持つて殴打する為振り上げればそれ相応の重量は手に感じる筈である。当時七四歳（原審認定）の老父（原審は被害者が実父梅吉であることの認識があつたと認定して居るのである）が棒を持つて打つてかかつて来たのに対し斧だけの重量のある棒様のもので頭部を原審認定の様に乱打した事実はたとえ斧とは気付かなかつたとしてもこれを以て過剰防衛と認めることは違法とはいえない」(最判昭二四・四・五刑集三・四・四二一)。

である。正当防衛については、最高裁判所になつてから、喧嘩につき、必ずしも、正当防衛が絶対に成立しないものでもない趣旨の判例が出ているが、ここに現われた判例の事案では、その余地のないものとみているわけである。

五　責任性関係

ここでも、錯誤が問題になつている。とくに、方法の錯誤に関するいくつかの判例があり、いずれも故意不阻却としているが、これも、現行錯誤論からすれば当然の結論で敢えて説明の要はないと思われる。まず、

「被告人ハ憤激シ弟某ト口論格闘ノ末附近ニ在合ハセタル重量一貫七百匁位ナル木製絲繰台ヲ取リ上ケ「ミヨ」ノ枕元ヲ経テ奥ノ間ニ逃入ラントシタル弟某ノ後方ヨリ之ニ投付ケタルニ絲繰台ハ横臥セル「ミヨ」ノ左前額部ニ中リタル為「ミヨ」ニ於テハ重傷ヲ被リ脳出血症ヲ惹起シ間モナク死亡スルニ至リタルモノナリ」

という事実に対し、

【101】「苟モ人ニ対シ故意ニ暴行ヲ加ヘ其ノ結果人ヲ傷害シ又ハ死ニ致シタルトキハ縦令其ノ暴行ニ因レル傷害又ハ致死ノ結果カ被告ノ目的トシタル者ト異ナリ而モ被告ニ於テ毫モ意識セサリシ客体ノ上ニ生シタルトキト雖暴行ト傷害又ハ致死ノ結果トノ間ニ因果関係ノ存スルコト明ナレハ其ノ行為ハ傷害罪又ハ傷害致死罪ヲ構成スヘク過失傷害罪若ハ過失致死罪ヲ以テ律スヘキモノニ非ス」(大判大一一・五・九刑集一・三一五)。

と判示したものがあり(同趣旨福岡高昭二六・九・二六高裁刑特報一九・二三)、また、実母に打ちかかり、誤つてその膝の上に抱かれていた幼児を傷害死亡させた場合は、本罪を構成し、過失致死罪を構成しない旨判示する、

【102】「原判決ノ認メタル事実ニヨレハ被告人ハ判示ノ日時場所ニ於テ実母きんノ応答ニ要領ヲ得サルモノ

アリトテ憤慨シ携帯セル杖ヲ以テ同人ニ打懸リタルトコロ右杖ハ同人ノ膝上ニ抱カレ居リタル中村千代松ノ孫みつ（大正十五年一月十八日生）ノ頭部ニ当リ之カ為判示ノ傷害ヲ来シテ同みつヲ死ニ致シタリト云フニ在リテ苟モ被告人ノ暴行ニシテ故意ニ出テタル以上ハ因リテ生シタル傷害致死ノ結果カ犯人ノ目的トシタル者ト異リタル客体ノ上ニ生シタル場合ト雖傷害致死罪ヲ構成シ過失致死罪ニ問擬スヘキモノニ非ス」（大判昭二・六・八評論一六刑法二七六）。

があり、更に、被害者の何人たるかを問わない旨を説示したものとして、

【103】「苟モ人ニ対シテ暴行ヲ加フルノ故意ヲ有シ且其ノ故意ニ基ク行為ニ因リ傷害致死ノ結果ヲ生セシメタルトキハ其ノ被害者ノ何人タルヲ問ハス傷害致死罪ヲ構成ス」（大判昭六・九・一四刑集一〇・四四〇）。

がある。

六　共犯関係

まず、共謀共同正犯理論によるものとして

【104】「数名が暴行の共謀をし、そのうち一部の者がこれを実行して死傷の結果を生じた場合は、他の暴行をしなかつた者も、その結果に対し共同正犯として責任を負う」（最判昭二三・五・八刑集二・五・四七八）。

【105】「多衆一団となつて他人に暴行を加えることを謀議したものが、偶々犯行現場におくれて到着したため、又はその現場にいながら、直接実行々為に加担しなかつたとしても、他の共謀者の実行々為を介して自己の犯罪敢行の意思を実現したものと認められるときは、その衆団暴行に基く傷害乃至は傷害致死の罪につき、なお共同正犯たるの責を負うべきである」（最判昭二三・一〇・六刑集二・一一・一二六八）。

【106】「乙のため傷つけられた甲が、そのことにつき乙方二階で乙と強談中、甲の輩下たる被告人等七、八名が乙方に馳せ集り、もし甲乙間に話がつかない場合には当然喧嘩となる情勢であり、殺傷沙汰の起ることを

予期し、その場合は甲に加勢し、乙と争闘すべきことを暗に共謀して待期中、突如二階で物音がしたので一同は予期の如く喧嘩が始まつたものと速断して二階に押し寄せ、その際被告人等の一人が乙に傷害を加え死に致した場合には、たとえ甲乙間に未だ喧嘩が始まらず、なお談合中であつたとしても被告人等は傷害致死の共同正犯たるの罪責を免れない」（最判昭二五・六・二七刑集四・六・一〇九七）。

等があり、また、第二〇七条の規定との関係で、

【107】「二人以上の者が共謀しないで他人に暴行を加え傷害致死の結果を生じ、その傷害を生ぜさせた者を知ることができない場合は、共同暴行者はいずれも傷害致死罪の責任を負う」（最判昭二六・九・二〇刑集五・一〇・一九三七）。

とするもののほか、教唆に関し、

【108】「凡ソ人ノ身体ヲ不法ニ侵害スル認識ヲ以テ為シタル意思活動ニ因リ人ヲ死ニ致シタルトキハ傷害致死罪ヲ構成スルモノトス故ニ傷害致死罪ニ在テハ他人ニ対シ唯暴行ヲ加フルノ意思アルヲ以テ足レリトシ人ヲ死ニ致スノ故意ナキコトヲ要スルヤ論ナシ若シ夫レ人ヲ死ニ致スノ故意アルニ於テハ殺人罪ヲ構成スルニ至ルヘケレハナリ是ヲ以テ苟モ人ヲ教唆シテ他人ニ暴行ヲ加ヘシメタル以上ハ其ノ暴行ノ結果他人ノ身体ヲ傷害シ因テ死ニ致シタルニ於テハ教唆者ハ傷害致死ノ罪責ニ任セサルヘカラサルヤ事理ノ当然ト謂フヘシ」（大判大一三・四・二九刑集三・三八九）。

及び、

【109】「他人ニ対シ暴行ノ教唆ヲ為シ被教唆者カ之ヲ実行スルニ因リ被害者ヲ死ニ致シタル以上ハ教唆者ニ於テ此ノ結果ヲ認識セサルトキト雖傷害致死罪ニ付教唆ノ責任ヲ負担スヘキモノトス」（大判昭六・一〇・二二刑集一〇・四七〇）。

と判示するものがある。この教唆に関するものは、本罪の本質、及び、重い結果についての予見可能又は過失の要不要に関する見解の分れるに従つて結論を異にするのであるが、判例の立場からすれ

ば、ごく当然のことを判示したまでのことである（ドイツでは、教唆者が重い結果につき過失あることを要するものとされている。Vgl. Schönke-Schröder, Strafgesetzbuch, S. 646）。更に、幇助犯に於ける錯誤をとり扱つたものとして、

【110】「正犯が被害者に傷害を加えるに至るかも知れないと認識しながら匕首を貸与してこれを幇助したところ、正犯において殺人の意思をもつて、該匕首により右被害者を刺し殺した場合には、右幇助者は、傷害致死幇助として、刑法第二〇五条、第六二条第一項をもつて、これを処断すべきである」（最判昭二五・一〇・一〇刑集四・一〇・一九六六）。

があることを附記しておこう。

七　他罪との関係

まず、傷害罪との関係につき傷害と傷害致死は連続犯になるとする『同一意思の発動により、一人を傷害死に致し、他の一人を傷害した場合は、連続犯として重い傷害致死罪の刑に従い処分すべきである』（前出五九頁参照）があり、次に、強盗致死罪との関係につき、傷害致死は強盗致死罪に吸収されるものとする『強盗をするにあたり、傷害の故意をもつて人を傷害し死に致した場合には、単に第二四〇条のみに問擬すべきである』旨の判決（大判大五・三・三一刑録二二・五一二）がある。その他、決闘による傷害行為に対する適条の問題につき、

【111】「若し本件傷害行為が、決闘によるものであるとすれば、これに対し、傷害致死罪に関する刑法第二百五条第一項の規定の外、明治二十二年法律第三十四号「決闘罪ニ関スル件」第二条、第三条及び第六条の各規定をも併せて適用処断すべきは当然である」（最判昭二三・三・一六刑集二・三・二三九）。

とするものがある。さらに、尊属傷害致死の適条に関し、『本条二項を適用する場合には、第一項を適用する必要はない』旨の判決（大判大元・一一・二八刑録一八・一四五九）があるほか、判示方法に関し、早められた死期の遅

速の程度判示不要を説く、

【112】「刑法第二百五条第一項ノ罪ヲ断スルニ付キテハ犯人カ他人ヲ傷害シ因テ被害者ノ死期ヲ早カラシメタル事実ヲ確定スルヲ以テ足リ而シテ其傷害ニ因リテ早メラレタル死期ノ遅速ノ程度ノ如キハ刑ノ量定ニ影響スヘキ事情ノ一ナレトモ決シテ刑事訴訟法第二百三条ニ所謂罪ト為ルヘキ事実ニアラサルヲ以テ只タ刑ノ量定ヲ為ス際自由ニ之ヲ斟酌スルヲ以テ足リ之ヲ判示スルヲ要セス」（大判大三・一・一六刑録二〇・三一）。

がある。

八　憲法との関係

最後に、直接、傷害致死の概念内容に触れるものではないが、第二〇五条第二項の尊属傷害致死罪に関する、最高裁判所昭和二五年一〇月一一日大法廷判決を引用しておこう。これは、何も傷害致死罪だけに関係するものではなく、尊属に係る場合につき刑を加重する規定全体すなわち、尊属殺（二〇〇条）、尊属傷害致死（二〇五条二項）、尊属遺棄（二一八条二項）、尊属逮捕監禁（二二〇条二項）について問題となるものであるが、ことは尊属傷害致死に発し、次の様な少数意見・補足意見をふくむ大判決ともなつたのであり、爾後、屡々引用されるところともなつているので、煩を嫌わず、ここに掲げておくことにしよう。

上告趣意（検事上告）によれば、原判決が、被告人が直系尊属に対し傷害致死の結果を生ぜしめた事実を認定しながら、刑法第二〇五条第二項を適用せず、同条項が憲法第一四条の規定の趣旨に背反するとの見地よりしてその適用を排斥し、同条第一項を擬律し処断したのは、憲法の趣旨を誤解し、まさに適用すべかりし処罰法規を適用せずして裁判をなした不法があるものとして破棄を免れないも

のと主張されたのであつたが、最高裁判所は右上告趣意を容れて原判決を破棄している。すなわち、まず、最高裁判所は、

【113】「おもうに憲法一四条が法の下における国民平等の原則を宣明し、すべて国民が人種、信条、性別、社会的身分又は門地により、政治的、経済的又は社会関係上差別的取扱を受けない旨を規定したのは、人格の価値がすべての人間について平等であり、従つて人種、宗教、男女の性、職業、社会的身分等の差異にもとづいて、あるいは特権を有し、あるいは特別に不利益な待遇を与えられてはならぬという大原則を示したものに外ならない。奴隷制や貴族等の特権が認められず、又新民法において、妻の無能力制、戸主の特権的地位が廃止せられたごときは、畢竟するにこの原則に基くものである。しかしながら、このことは法が、国民の基本的平等の原則の範囲内において、各人の年令、自然的素質、職業、人と人との間の特別の関係等の各事情を考慮して、道徳、正義、合目的性等の要請より適当な具体的規定をすることを妨げるものではない。刑法において尊属親に対する殺人、傷害致死等が一般の場合に比して重く罰せられているのは、法が子の親に対する道徳的義務をとくに重要視したものであり、これ道徳の要請にもとづく法による具体的規定に外ならないのである。

原判決は、子の親に対する道義的義務をかように重要視することを以て、封建的、反民主主義的思想に胚胎するものであり、また「忠孝一本」「祖先崇拝」の思想を基盤とする家族主義社会においてのみ存在を許さるべきものであるというが、夫婦、親子、兄弟等の関係を支配する道徳は、人倫の大本、古今東西を問わず承認せられているところの人類普遍の道徳原理、すなわち学説上所謂自然法に属するものといわなければならない。従つて立法例中普通法の国である英米を除き、尊属親に対する罪を普通の場合よりも重く処罰しているものが多数見受けられるのである。しかるに原判決が子の親に対する道徳をとくに重視する道徳を以て封建的、反民主主義的と断定したことは、これ親子の間の自然的関係を、新憲法の下において否定せられたところの、戸主を中心とする人為的、社会的な家族制度と混同したものであり、畢竟するに封建的、反民主主義的の理由を以

て既存の淳風美俗を十把一束に排斥し、所謂「浴場と共に子供まで流してしまう」弊に陥り易い現代の風潮と同一の誤謬を犯しているものと認められるのである。

さらに憲法一四条一項の解釈よりすれば、親子の関係は、同条項において差別待遇の理由としてかかぐる、社会的身分その他いずれの事由にも該当しない。また同条項が国民を政治的、経済的又は社会的関係において原則として平等に取り扱うべきことを規定したのは、基本的権利義務に関し国民の地位を主体の立場から観念したものであり、国民がその関係する各個の法律関係においてそれぞれの対象の差に従い異る取扱を受けることまでを禁止する趣旨を包含するものではないのである。原判決は被害者が直系尊属なる場合においてとくに重い法定刑を適用することを以て、人命保護及び科刑の面において国民中に特殊と一般との区別を設くることになり、従つて尊属親を一般の者よりもとくに厚く保護することになり、法律上不平等の結果を招来する趣旨を述べているが、立法の主眼とするところは被害者たる尊属親を保護する点には存せずして、むしろ加害者たる卑属の背倫理性がとくに考慮に入れられ、尊属親は反射的に一層強度の保護を受けることあるものと解釈するのが至当である。

なお原判決は親族間の愛情が法律の規定をまつてはじめてしかるものではなく、親族関係は刑の量定の分野において考慮されることは格別、法律を以て不平等を規定する合理的根拠を欠くものと断定するが、もし原判決のいうように子の親に対する倫理を強調することが封建的、反民主主義的であり、従つてそれを基礎とする法律が違憲であるとするなら、これを情状として刑の量定の際に考慮に入れて判決することもその違憲性において変りはないことになるのである。逆にもし憲法上これを情状として考慮し得るとするならば、さらに一歩を進めてこれを法規の形式において客観化することも憲法上可能であるといわなければならない。

原判決は被害者が直系卑属又はその配偶者なる場合には、刑法二〇五条一項の規定の適用があることを指摘し被害者が直系尊属なる場合との不均衡従つて不平等を非難するが、この種類の犯罪に関し被害者たる親族の範囲を如何に区劃するやは、立法政策上の問題であり、各国の立法令によるも必ずしも一致していないのであり、従つて原判決がこの点を指摘して以て本条項の違憲性を認めるのは、憲法論と立法論とを混同するものであることはまさに上告趣意(6)の所論のごとくである。

はたしてしからば、刑法二〇五条二項の規定は、新憲法実施後の今日においても、厳としてその効力を存続するものというべく、従つて本件において原審が被告人の尊属致死の所為を認定しながら、これに同法条の適用を拒否し、一般傷害致死に関する同法二〇五条一項を擬律処断したことは、憲法一四条一項の解釈を誤り当然に適用すべき刑事法条を適用しなかつた違法があることに帰し本件上告はその理由があるのである」(刑集四・一〇・二〇三九)。

と述べて、上告理由ありとしているのであるが、これに対して、真野、穂積両裁判官の少数意見と、斎藤裁判官の少数意見、補足意見がある。次に、これを紹介しておこう。すなわち、

まず、真野裁判官は、『原判決は、直系尊属に対する傷害致死罪に関する刑法二〇五条の規定を違憲無効だと解した。これに対し、検察官側から同条の合憲性を主張して本件上告が申立てられた。私は、結論として原判決の違憲説を是認すべきものと信ずるが故に、本件の検事上告は棄却さるべきものである。その理由の大略を左に述べる。

一、憲法一四条は、「すべて国民は、法の下に平等」であると宣言している。米国連邦最高裁判所の正面玄関の上には、「法の下における平等な正義」(イクオール・ジャスティス・アンダー・ロー)の四字が大理石に刻まれている。これらは、一体何を意味するか。それは、言うまでもなく民主々義を基調とする法の下における平等の大原則を高らかに歌つたものである。国際連合世界人権宣言二条に

においてもこの原則は厳かに宣言されている。およそ民主々義の基礎は、人間の尊厳を前提とする個人の平等すなわち一切の人格の平等にある。個人の平等の基礎は、解放された自由な個人が外部的強制によつてではなく、自らの内在的深奥の自発性に基いて行動しようとする自主的独立自尊の精神と、これと一体不離の関係にある自己責任の精神とにある。自己において自主と責任を尊ぶことは、同時に他人においてもその自主と責任とを尊ぶことを伴い、自己の人格におけると他人の人格におけるとを問わず人間性を尊重し、単にこれを手段視せず常に同時にこれを目的として遇することとなり、かくして必然に一切の人格の平等の意識に到達するわけである。結局民主々義とは、個人と個人との基本的人権が対等であることが基底である。かかる法の下における平等の原則は、多年に亘る歴史的成果として広く一般に承認せられ、新憲法一四条において明らかに宣言されたところのものである。さて、本件の刑法二〇五条において直系尊属に対する傷害致死について普通の傷害致死と区別し特に重い刑を科することは、明白な差別待遇であつて、前記法の下における平等の大原則に反し、憲法一四条に違反するものと言わねばならぬ。いま、解りやすくするために、ＡＢＣをそれぞれ直系尊属とし、Ａ′Ｂ′Ｃ′をそれぞれの直系卑属として図に示してみよう。

第一図においては、被害者Ａを中心として観察したものであるが、Ａがその直系卑属Ａ′から傷害致死をうけた場合には、ＢＢ′ＣＣ′その他から傷害致死をうけた場合と区別せられＡ′のみが特別の重刑を科せられる。言いかえれば、ＡはＡ′との関係においてのみより厚い保護を受ける。これが不平等にあらずして何ぞや。また、第二図においては、加害者Ａ′を中心として観察したのであるが、Ａ′がその直系

尊属Ａに傷害致死を与えた場合にはＢＢ′ＣＣ′その他に傷害致死を与えた場合と区別せられ、特に重い刑を科せられる。これまた不平等にあらずして何ぞや。前述した人格平等、個人平等の基本思想従つて法の下における平等の憲法原則に違反するものであることは、むしろ明々白々である。

第一図

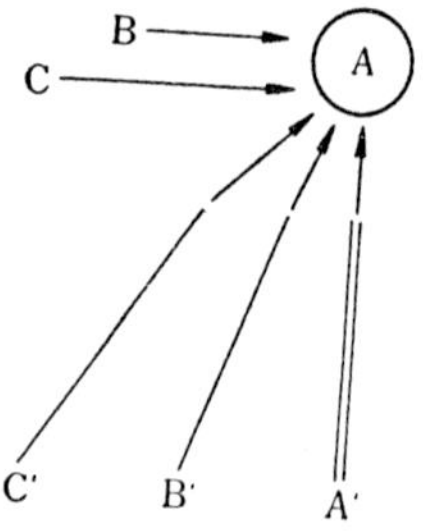

第二図

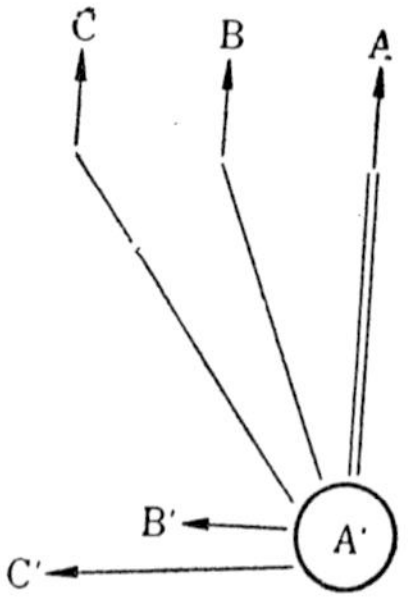

二、次に、憲法一四条は、前述のごとく法律の下における平等の原則を一般的に宣言していると共に、その平等原則の適用の例示として、「人種、信条、性別、社会的身分又は門地により、政治的、経済的又は社会的関係において差別されない」「華族その他の貴族の制度は、これを認めない」旨を規定している。本件刑法二〇五条の直系尊属に対する傷害致死の重罰規定は、前記憲法の例示規定の正条にいわゆる「社会的身分……により政治的……差別」をすることに該当し、この点から言つても憲法違反である。多数意見はしきりに親子の道徳を強調するが、そしてそれは民主々義を理解しない者の俗耳には入り易いものであるが、子の親（直系尊属）に対する道徳の中から、正しい民主々義的な人間の尊厳、人格の尊重に基く道徳を差引いたら、その後に一体何が残るであろうか。それは、（一）子の親に対する自然の愛情に基く任意的な服従奉仕と、（二）親の恩に対する報恩としての服従

奉仕の義務に過ぎない。これらは、本来個人の任意に委さるべきものであつて、法律上の権利義務関係となし又はその他の法律上の保護を与えるには適当しないのである。却つて法律上の強制を与えないことによつてますます自由な感覚の下に道徳的価値を純化し高揚せしめなければならぬ領域に属するものである。純理からすれば合理的民主的国家組織においては、道徳的なものと法的なものとが区別されずに混りあつている原始社会における とは異り、道徳的なものと法的なものとをそれぞれ独自の領域に従つて分つことを必要とする。そして、道徳と法律との営む独自の機能の差異を吟味した上で、法律を道徳と矛盾しないように制定することを要するのである。古往今来、子の親に対する道徳は、一般に孝と呼ばれ、海よりも深く山よりも高いといわれた親の恩に対する報恩感謝としての絶対的服従奉仕の義務を中心とした。かようにいわゆる孝道の核心は報恩である点において、封建武士の知行、扶持、禄に対する報恩を核心とする封建的主従関係と同じ根本原理に立つものである。この孝道は、社会的構成において身分的上位にある親と身分的下位にある子との間の、すなわち身分的に不平等な人間の間の関係であつて、平等な個人の間の関係ではない。かくていわゆる従来の孝道は、家族制度の基本であり、一種の権力支配関係である家長制の基礎であり、同時に封建的色彩の濃厚なものであつたのである。これはまことに厳然たる歴史的事実である。新しい孝道は、人格平等の原則の上に立つて真に自覚した自由な強いられざる正しい道徳であらねばならぬ。かくのごとく、親と子の間には従来永く社会的身分に上位下位の差別があり、これによつて生じた孝道規範の一として定められた親殺し重罰、尊属に対する傷害致死重罰の規定は、憲法一四条の例示規定そのものにも違反するのである。

三、多数意見は、刑法が尊属に対する傷害致死等について重刑を科しているのは、子の親に対する道徳的義務を重要視したものであり、「夫婦、親子、兄弟等の関係を支配する道徳は、人倫の大本、古今東西を問わず承認せられているところの人類普遍の道徳原理、すなわち学説上所謂自然法に属すると言つている。しかしソレ親子の道徳だ、ヤレ夫婦の道徳だ、ソレ兄弟の道徳だ、ヤレ近親の道徳だ、ソレ師弟の道徳だ、ヤレ近隣の道徳だ、ソレ何の道徳だと言つて、不平等な規定が道徳の名の下に無暗に雨後の筍のように作り得られるものとしたら、民主憲法の力強く宣言した法の下における平等の原則は、果して何処へ行つてしまうであろうか、甚だ寒心に堪えないのである。刑法の尊属殺の規定にしろ尊属傷害致死の規定にしろ、実際上においては殆んど無用でありまた時には有害であるとさえ言われている。これは統計によつても実証し得られるところがあろう。平等の大原則を破り得るほどの必要な合理的根拠は存在しないのである。しかるに、かかる規定の上述のように明確な不平等が存するに拘らず、ただ漠然と道徳の名の下に平等原則に違反せずとする多数意見の態度には到底是認することを得ないものがある。

四、また多数意見は、平等の原則をもつて、基本的権利義務に関し国民の地位を主。体の立場から観念したものであり、国民がその関係する各個の法律関係においてそれぞれの対。象の差に従い異なる取扱を受けることまでを禁止する趣旨を包含するものではない」と言つている。これは全くその意味を了解するにさえ苦しむほどのものである。主体の立場から観て前掲第一図に示したように犯罪行為の主体がA′であるか又はBB′CC′であるかによつて不平等を生ずるのである。それ故、多数意見のこの理由からはむしろ平等原則違反を認めるの外はないことになるであろう。さらに、第二図に示すようにA′の行為の対象がAであるか又はBB′CC′であるかによつて生ずる不平等を憲法の平等原則から除外すべき何等の実質的理由はない。結局、第一図の不平等も、第二図の不平等も同じものであつて、ただ異つた見地から見ただけのことだ。主体と対象とで区別する多数意見は全くナンセンスである。なおさらに対象の異なるに従つて保護に厚薄があることが平等原則に反することは、後述の皇室に対する罪の廃止された際の経緯と経過に徴しても明らかではないか。それは勿論対象に対する保護が一般に比して厚いことが民主々義のために不平等とされたのではないか。

五、昭和二二年刑法の一部改正によつて皇室に対する罪は廃止せられ、七三条ないし七六条は削除された。その理由は、天皇も憲法一四条の適用をうけるとの前提の下に、刑法における特別保護を差別的なものとして廃止しようとするにあつたことは明白である。歴史的に見ればわが国では大宝律においては、尊属殺は悪逆と呼ばれ（子殺は却つて普通殺人よりも軽く扱われた）、天皇弑虐は謀反と呼ばれ、共に八虐の罪の一として数えられ、この二者に最も重い刑を科して以来、永くこの伝統を保ち現行刑法に及んだ。ところが、憲法改正の結果、昔の謀反罪に相当する皇室に対する罪の規定は前述のごとく全く削除されたのである。これと同時に、理論上は尊属殺、尊属傷害致死等に関する規定も当然削除さるべきものであつたが、政治上の緩急は比較的小さいこの問題をそのまま後に残したに過ぎないのである。（一九四六年一二月二七日時の総理大臣は総司令部に対し書面を送り、刑法尊属殺の規定の存在を一理由として、皇室に対する罪の存続を必要とする旨を述べているが、それは民主化と平等原則に反するとして容れられなかつたということである。)』と述べ、

ついで、穂積裁判官は、

『本件は刑法二〇五条に関するが、問題は同二〇〇条から出発するゆえ、両条にわたつて意見を述べる。そして先ず両法条の立法を批判したい。

刑法二〇〇条は、同一九九条に「人ヲ殺シタル者ハ死刑又ハ無期若クハ三年以上ノ懲役ニ処ス」とあるのを受けて、「自己又ハ配偶者ノ直系尊属ヲ殺シタル者ハ死刑又ハ無期懲役ニ処ス」としたのである。すなわち法定刑の上限は共に死刑であるから、もし尊属殺は極悪非道なるがゆえに極刑を以て臨まねばならぬとしても、それは、一九九条でまかない得るのであつて、特に二〇〇条を必要としない。

そこで普通殺人と尊属殺との刑罰の差異は、各法定刑の下限に存する。すなわち前者にあつては刑を懲役三年まで下げて執行猶予の恩典に浴せしめることができ、後者は死刑にあらずんば無期懲役と限られているからかりに法律上の減軽と酌量減軽のあらん限りを尽したとしても、懲役三年半以下に下げることができず、従つて執行猶予を与え得ない。刑法が両者の間にかような差違を設けた理由は、正に多数意見が説くとおりであろうが、普通殺人に重きは死刑にあたいし軽きは懲役三年を以て足れりとしてかつその刑の執行を猶予して可なるがごとき情状の差違あると同様、尊属殺にも重軽各様の情状があり得る。いやしくも親と名の附く者を殺すとは憎みてもなお余りある場合が多いと同時

に、親を殺しまた親が殺されるに至るのは言うに言われぬよくよくの事情で一掬の涙をそそがねばならぬ場合もまれではあるまい。刑法が旧刑法を改正してせつかく殺人罪に対する量刑のはばを広くしたのに、尊属殺についてのみ古いワクをそのままにしたのは、立法として筋が通らず、実益がないのみならず、量刑上も不便である。

刑法二〇五条の傷害致死罪については、普通人に対する場合は「二年以上の有期懲役」であるが、直系尊属に対する場合は「無期又ハ三年以上ノ懲役」となつているのであるから、法定刑の上限にも下限にも差違を設けてあり、尊属傷害致死について特別の規定をした意味がある。ところが刑法二〇八条の傷害を伴わぬ暴行罪および同二〇四条の死に至らざる傷害罪については、普通人に対するものと直系尊属に対するものとによつて刑の軽重を設けていない。もし「かりにも親のあたまに手をあげるとはけしからん」というのであるならば、そもそも暴行罪からして直系尊属に対するものを重く罰せねばならず、いわんや傷害の故意があつて傷害の結果を生ぜしめた場合はもちろんである。しかるにその暴行傷害を特に重しとせずして、未必の殺意すらないのにたまたま致死の結果が生じた本件のごとき場合になつてはじめて普通人に対する傷害致死と差別して刑を重くするのは、立法として首尾一貫せず、かつ殺意なき行為に対する無期懲役は、科刑として甚だ酷に失する。刑法二〇五条一項により有期懲役の長期たる一五年まで持つて行ければ充分であろう。なお遺棄罪については刑法二一八条二項に、また逮捕監禁罪については刑法二二〇条二項に、それぞれ直系尊属に対して犯された場合の刑の加重が規定されている。本件直接の関係ではないゆえ一々論及しないが、殺傷の場合の議論が大体当てはまる。さらに注目すべきことは、刑法二〇〇条および二〇五条二項の「直系尊属」の範囲である。それは民法の規定に従うのであるが、その民法に新憲法の線にそう改正があつて、「直系尊属」の範囲が変更し、以前は直系の尊属卑属であつた継父母継子の親子関係が認められないことになつた。そこで新民法下において刑法二〇〇条および二〇五条二項を適用すると、継父母を殺しまたは死に致したのは尊属殺または尊属傷害致死ではないことになる。しかし継父母殊に継母は継子に取つて、場合によつて実母同様、少くとも養母以上の恩義があり得る関係である。それゆえ殺親罪を認めながら継父母殺を殺親罪としないことは、父母的関係においてそれよりも遠い「配偶者ノ直系尊属ヲ殺シタル者」を殺親罪に問うのとくらべて、甚しい不釣合であつて新憲法下に殺親罪という旧時代規定を保存した矛盾の一端がはからずもここに暴露したものというべきである。かくして刑法二〇〇条および同二〇五条二項は、立法としてすこぶる不合理でありかつ不要であつて、昭和二二年法律第一二四号による刑法一部改正の機会に削除せらるべきであつたと思うが、その機を逸してその規定が現存する今日、この二箇条が憲法に違反する無効のものではないだろうかということが問題になるのは、当然である。原判決は、刑法二〇五条二項を憲法一四条に違反するものであるとして、本件犯行に同条一項を適用し、当裁判所の多数意見は、検事上告を容れて、右刑法二〇五条二項は憲法違反にあらず、従つて本件犯行には右条項を適用すべきものとするのであるが、原判決も検事上告も、また当裁判所多数意見も、単に刑法二〇五条二項だけでなく、同二〇〇条をも含めて、殺親罪全体を問題としている。本裁判官は原判決を、その説明には過不及があるが、結論において正当と認めるがゆえに、以下裁判所多数意見および上告論旨の諸論点について意見を述べたい。

（一）問題の焦点は憲法一四条である。多数意見は、同条は「大原則を示したものに外ならない」のであつて「法が、国民の基本的平等の原則の範囲内において……道徳、正義、合目的性等の要請により適当な具体的規定をすることを妨げるものではない」とする。しかしながら、憲法が掲げた各種の大原則については、できるだけ何のかのという「要請」によつてその範囲を狭めないように心がけてその精神を保持することが、殊に旧習改革を目指した新しい憲法の取扱い方でなくてはならないと考える。憲法一四条の「国民平等の原則」は新憲法の貴重な基本観念であるところ、実際上千差万別たり得る人生全般にわたつて随所に在来の観念との摩擦を起し各種具体的除外要請を生じ得べく、あれに聴きこれに譲つては、ついに根本原則を骨抜きならしめるおそれがあることを、先ず以て充分に警戒しなくてはならない。上告論旨(4)は、憲法一四条は「いかなる理由があつても不平等扱を許さないとまでする趣旨ではない。……一定の合理的な理由があれば必ずしも均分的な取扱を要しないものと解すべきである」と言うが、さような考え方の濫用は憲法一四条の自壊作用を誘起する危険がある。平等原則の合理的運用こそ望ましけれ不平等を許容して可なりとなすべきでない。

（二）多数意見は、刑法の殺親罪規定は「道徳の要請にもとづく法による具体的規定に外ならない」から憲法一四条から除外されるという。しかしながら憲法一四条は、国民は「法の下に」平等だというのであつて、たとい道徳の要請からは必ずしも平等視せらるべきでない場合でも法律は何らの差別取扱をしない、と宣言したのである。多数意見は「原判決が子の親に対する道徳をとくに重視する道徳を以て封建的、反民主々義的と断定した」と非難するが、原判決は「親殺し重罰の観念」を批判したのであつて、親孝行の道徳そのものを否認したのではないと思う。多数意見が「夫婦、親子、兄弟等の関係を支配する道徳は、人倫の大本、古今東西を問わず承認せられているところの人類普遍の道徳原理」であると言うのは正にそのとおりであるが、問題は、その道徳原理をどこまで法律化するのが道徳法律の本質的限界上適当か、ということである。日本国憲法前文は、憲法の規定するところは「人類普遍の原理」に基くものであると言っているが、「人類普遍の原理」がすべて法律に規定せらるべきものとは言わない。多数意見は、親子間の関係を支配する道徳は人類普遍の道徳原理なるがゆえに「すなわち学説上所謂自然法に属するもの」と言う。多数意見が自然法論を採るものであるかどうか文面上明らかでないが、まさか「道徳即法律」という考え方ではあるまいと思う。「孝ハ百行ノ基」であることは新憲法下においても不変であるが、かのナポレオン法典のごとく「子ハ年令ノ如何ニカカワラズ父母ヲ尊敬セザルベカラズ」と命じ、または問題の刑法諸条のごとく殺親罪重罰の特別規定によつて親孝行を強制せんとするがごときは、道徳に対する法律の限界を越境する法律万能思想であつて、かえつて孝行の美徳の神聖を害するものと言つてよかろう。本裁判官が殺親罪規定を非難するのは、孝を軽しとするのではなく孝を法律の手のとどかぬほど重いものとするのである。

(三)　上告論旨(5)は、「尊属親関係は依然新民法の下にも是認されている」と言う。なるほど民法は七二九条、七三六条、七九三条、八八七条、八八八条、八八九条、九〇〇条、九〇一条および一〇二八条に「尊属」「卑属」という言葉を使つているが、それは単に父母の列以上の親族を「尊属」子の列以下の親族を「卑属」と名附けただけで、実質上何ら尊卑の意味をあらわし取扱を差別しているのではない。新憲法下においては「尊」「卑」の文字は避けるとよかつたのだが、適当な名称を思い附かなかつたので、「目上」「目下」というくらいの意味で慣用に従つたのであろう。そして直系尊属なるがゆえにこれを扶養を受ける権利者の第一順位に置いた民法旧規定は、新憲法の線にそう民法改正によつて消滅したのである。

(四)　多数意見は「憲法一四条一項の解釈よりすれば、親子の関係は、同条項において差別待遇の理由としてかかぐる、社会的身分その他いずれの事由にも該当しない。」と言う。上告論旨(3)も同趣旨である。これらは同条項後段に着眼しての議論であるが、その議論の当否はしばらく措き、憲法一四条一項の主眼はその前段「すべての国民は法の下に平等」の一句に存し、後段はその例示的説明である。その例示が網羅的であるにしてもその例示の一に文字どおりに該当しなければ平等保障の問題にならぬというのであつては、同条平等原則の大精神は徹底されない。そして多数意見は親に対する子の殺傷行為の方面のみから観察するが、その方面から観ても、同一の行為につき相手方のいかんによつて刑罰の軽重があらかじめ法律上差別されているということは、憲法一四条一項の平等原則に絶対に違反しないと言い得ないのである。

(五)　さらに転じて、同じ犯罪の被害者が尊属親なるがゆえにその法益を普通人よりも厚く保護されるという面から観れば、問題の刑法規定が憲法一四条の平等原則に違反することは明白である。多数意見は「立法の主眼とするところは被害者たる尊属親を保護する点には存せずして、むしろ加害者たる卑属の背倫理性がとくに考慮に入れられ、尊属親は反射的に一層強度の保護を受けることあるものと解釈するのが至当である。」と言うが、立法の主眼が果していずれにあるかは問題である。刑法二〇〇条についてはその点が明白でないが、前に述べたとおり、刑法二〇八条の暴行罪および同二〇四条の傷害罪においては、加害者が卑属なるがゆえに刑を加重せられるのではなくして、同二〇五条の傷害致死罪に至りはじめて被害者が尊属親なるによつて重刑が科せられるのであるから、立法の主眼が尊属親の法益保護にないとは言えない。そしてたとい「反射的」にせよ尊属親なるがゆえに「一層強度の保護を受けることがある」以上、正に憲法一四条一項の平等原則に違反するといわざるを得ないのである。

（六）多数意見は、原判決が「個々の場合に応じて刑の量定の分野に於て考慮されることは格別」と言つたのをとらえて、もし原判示のごとくんば、親であり子であることを「情状として刑の量定の際に考慮に入れて判決することもその違憲性において変りはないことになるのである。逆にもし憲法上これを情状として考慮し得るとするならば、さらに一歩を進めてこれを法規の形式において客観化することも憲法上可能であるといわなければならない。」と逆襲する。しかし、法定刑に上限下限のひらきを設けて裁判所の情状による量刑にまかすことは現代の刑法上当然の立法であり、加害者、被害者の身分上の続がらがその情状の一つであることも無論さしつかえない。ただ「さらに一歩を進めてこれを法規の形式において客観化すること」が「法の下に平等」の憲法原則に違反し得るのである。

（七）上告論旨(2)は「尊属と卑属との関係は如何なる人においても存するのであつて、それは必ずしも或特殊の人に対して社会的な差別を認めたものとは考えられない。」と言う。それは結局「尊属」「卑属」の関係を憲法一四条一項の「社会的身分」に当てはめまいとした議論であるが、身分なるものは必ずしも特殊的確定的なるを要せず、時に随つて変転するものでもさしつかえない。ともかくも特定の時において尊属たる身分に在りそしてその身分のゆえに卑属たる身分に在るのとは違つた待遇を受けることが法律できまつていれば、「法の下に平等」とは言い得ないのである。

（八）上告論旨⑹は「今後の立法問題として、かかる特別な規定がはたして憲法に違反するかどうかの問題とは、厳に区別さるることを要」するとし、多数意見も右の論旨を是認して、原判決は「憲法論と立法論とを混同するものである」と非難する、原判決はそこまで踏込んで論じてはいないように思われるが、なるほど憲法論と立法論とを混同すべきではあるまい。しかし前に述べたとおり、刑法二〇〇条と同条二〇五条二項との不合理はかなりに著明であり、そしてそれは新憲法前の規定で、新憲法の制定とそれに伴う民法の改正とによつてその不合理が増大したのであるから、右条項は憲法一四条一項と併せて同九八条一項により、憲法施行と同時に効力を有しないことになつたのではないかとさえ考えられる。そしてこれまた前に述べたとおり、これら特別規定なくも普通規定によつて不孝の子を懲罰するに甚しく妨げないのであるから、問題の刑法規定の違憲性を論ずるに当り立法上の不当と不要とを一論拠とするのも、必ずしも見当違いではないのである。以上の理由によつて本裁判官は、本件についての当裁判所裁判官多数意見に賛同し得ず、検事上告を棄却して原判決を維持するを適当と信ずるものである』と述べている。

最後に、斎藤裁判官の意見は次のとおりであつて、要するに本件上告の理由あることについては多数説に賛成し、少数説に対しては特に世道人心を誤るものとして絶対に反対し、本件については当裁判所において直ちに判決すべきものと主張するものである。すなわち、『憲法一四条一項に「すべて国民は、法の下に平等であつて、人種、信条、性別、社会的身分又は門地により政治的、経済的又は社会的関係において差別されない。」と規定したのは、その所定の理由により、その所定の関係において差別するがごとき非合理的な不公平の待遇を禁止する趣旨であつて、合理的な理由による公平な差別的取扱を妨げるものでないことは既に昭和二二年（れ）七三号同二三年五月二六日の大法廷判決において私見として述べたところである。（判例集二巻六号五五〇頁参照）すなわち、同条項の平等は、国民がその基本的な法的関係における主体としての待遇についての合理的な平等であつて、物理的、均分的な悪平等ではない。されば一定の年令に達しない国民すなわち実際上国民の大多数を占める未成年者に対し選挙権を与えず少年並びにこれに関係ある成人に対してのみ少年法による審判を受ける権利を与え、婦人に対してのみ有給の生理休暇を与えるがごとき必ずしも同条項に反するものではない。また、同条項の社会的身分とは例えば親分、乾児のような単なる社会生活上の身分を指すものであつて、合理的理由のある憲法上又は法律上認められた身分をいうものではないと解すべきである。例えば憲法上認められている公務員に対し刑法上その職務の執行を保護すると共にその瀆職を罰し緊急避難を許さないものとすること、累犯者又は業務者の刑を加重し、親族の刑を免除しその他刑法六五条所定の身分は右憲法の社会的身分に含まれないものと解すべきである。（昭和二二年（れ）

一九六〇号同二四年五月二八日第二小法廷参照）そして、親子の道徳である孝は、結局祖先尊重に通ずる子孫の道であつて、多数説の説くがごとく人倫の大本、人類普遍の道徳原理である。これを尊重するため法律上尊属なる身分を認めることは国家社会の秩序を維持するため極めて合理的理由のあるところであつて、尊属なる身分は右憲法の社会的身分に含まれないものと解するを相当とする。

抑も、刑法は、国家社会の秩序を維持し、国民の権利を保全するを目的とし、かかる秩序又は権利を侵害する者をその犯情に応じ処罰するものである。従つて、犯罪の処罰は犯人の社会的又は道徳的責任をその責任関係における主体として追及するものであつて、憲法一四条所定の政治的、経済的又は社会的関係における主体としての処遇ではない。真野裁判官は、権利関係における主体と責任関係における主体とを混同し、犯罪の主体を犯罪を行う権利の主体と誤解しその結果犯罪の処罰を憲法一四条の政治的関係における処遇に該当すると主張する。しかし、憲法一四条は、憲法第三章国民の権利及び義務の章中の個人尊重の条項の次に規定され、すべて国民は法の下に平等であると宣言しているのであるから、同条は、国民が基本的な法的関係における主体として平等な待遇を受け、故なき差別を受けないという原則的な権利乃至地位を規定したものと解すべきである。国民が国民としての基本的な法的関係において国家社会の秩序を害し、他人の基本的な権利を侵すべき権利乃至地位を有すべき理由など絶対にあるべき筈がなく、まして、その権利なき行動に対する責任関係において平等な待遇を受ける憲法上の権利乃至地位を与えられる道理などは全然存しないのである。憲法は犯罪の処罰に関しては別にその第三一条以下において適当な保障を与えているのである。されば、刑法がその所定の各種の身分により或は犯罪の構成を認め、或は刑罰に軽重の差異を設けるのは、犯人の責任を追及すべき条件に関する立法政策の問題であつて、憲法一四条適否の問題とはなり得ない。従来当裁判所が刑事事件における憲法一四条違反の主張をたやすく適法視来つたのは根本的に誤りであつて、速に改めらるべきものと考える。

しかるに、原判決は「刑法二〇五条二項の規定を発生史的に観れば子に対して家長乃至保護者又は権力者視された親への反逆として主殺しと並び称せられた親殺し重罰の観念に由来するものを所謂淳風美俗の名の下に温存せしめ来たつたものである」と説明する。しかし、かかる説明は後記のごとく沿革上全然根拠のない無責任な放言であつて、これを是認するには厳格にして明確な証明を必要とする。また、原判決が「既に此の点において多分に封建的、反民主々義的、反人権的思想に胚胎したものとして窮極的に人間として法律上平等を主張する右憲法の大精神に牴触するものである」と説明する。事茲に至つては驚くべき小児病的な民主々義であり悲しむべき人権的思想であるといわなければならない。人倫の大本、人類普遍の道徳原理を刑法上尊重することが何故に封建的であるか。また、国民の何人も不道徳であるとする尊属殺又は尊属致死を重く罰することが何故に反民主々義になるのであるか。更に、凡そ国民は憲法上他の国民の生命を奪う人権を有するのであるか。若し真野裁判官の説くがごとく、個人平等の基礎を成す自主には責任を伴うものであり、民主々義とは結局個人と個人との基本的人権が対等であることが基底であるとすれば、何人であれ他人の生命を奪つた者は自らも生命を奪われるのが平等であり、民主々義的であるともいい得るのである。更にかかる民主々義的見地に立つて一歩を進め原判決の論法を借りるならば、刑事被告人であるという身分により、人の生命を奪つても、無期や二年又は三年以上の有期懲役で足りるとする刑法一九九条の規定の一部又は二〇五条一項の規定こそ「窮極的に人間として法律上の平等を主張する憲法の大精神に牴触」して、無効であるともいい得るのではなかろうか。現に英米法では一般に人を殺した者は死刑に処するが故に尊属殺に対する特別加重を認めないのである。原判決は、何故に先ず以て単なる人間として憲法上保障されている被害者の生命を尊重しないのであるか。更に原判決は「祖父母、父母に対する告訴、告発の規定が廃止された事実を以て端的にこれ（尊属殺規定の廃止）を指示するもの」と解する。しかし、旧刑訴二五九条、二七〇条の廃止は、わが国における忠孝の思想を極端なる国家主義の基礎を成すものと誤解した勢力の影響によるもので、同条を存置しても同二六三条（新刑訴二三四条）がある以上実際上は何等の不都合を生ずることはなかつたのであり、また、これを廃止しても依然として刑訴二四八条（旧刑訴二七九条）の適用はあるのである。されば、かかる無用の改正に対し盲目的にひたすら尾を振り身を垂れて迎合することこそ封建的な奴隷根性というものである。元来孝は祖先尊重に通ずる子孫の道である。これをわが国においてのみ観るも曾つて生存したわれらが祖先は少くとも十数億を下らず、現存する子孫は僅かに八千余万に過ぎない。そして、かれらの使用する一言半句その道具である口唇、さては我、汝それ自身でさえ祖先の遺産であることを三思すべきである。原判決並びに少数意見の思想のごときは、この道義を解せず、ただ徒に新奇を逐う思い上つた忘恩の思想というべく徹底的に排撃しなければならない。次に、少数意見について一言しよう。真野説は、劈頭米国連邦最高裁判所に掲げられている標語や国際連合世界人権宣言を由ありげに引用している。だが、悲しいかな、米国各連邦とは必ずしも法律が同一でなく、従つて、かかる異なる法の下における実際上の正義が平等であり得ないことはいうまでもない。しかのみならず米国には人種による差別的法律の多数存在することは、世界周知の事実である。さればこそ米国連邦最高裁判所においては特に標語として論者引用の四字をかの真白き大理石深く刻んでおく必要があるのであつて、我憲法上殷鑑とするのは格別毫も模範とするに足りないものである。また、世界人権宣言は、いうまでもなく世界に対する宣言で、現に国際上政治的、経済的又は社会的関係において差別されているわれらは、もとより大いに歓迎するところであるが、しかし、一国内における憲法乃至法律の解釈としてかかる国際的宣言を引用することは適当とはいえない。されば、わが憲法一四条を解釈するに当り冒頭これらを引用するがごときは、先ず以て鬼面人を欺くものでなければ羊頭を懸げて狗肉を売るものといわなければならない。以下の論旨については前に一、二触れたのであるが要するに民主々義の美名の下にその実得手勝手な我儘を基底として国辱的な曲学阿世の論を展開するもので読むに堪えない。穂積説は、主として刑法一九九条と同二〇〇条との法定刑に関する立法を非難する。しかし、旧刑法においては多くの外国の立法例と同じく殺人罪には死刑と無期徒刑のみを認め、従つて、一家の恥辱を蔽うがため又は養育を為すこと困難である等のための「子殺し」就中嬰児殺においても、これを強いて故殺として最大限の酌量二等を減じてもなお重懲役（九年以上一一年以下）たるを免れなかつたので実際上往々特赦を行うの外なかつた経験に鑑み現行刑法制定の際これらの場合に応ずるため新に五年以上の懲役に処することを得るものとする改正案を設け、更らに、刑の執行猶予を一年以下の禁錮又は六月以下の懲役（いわゆる短期自由刑）の言渡を受けた者に対し為し得るの原案を二年以下の懲役又は禁錮の言渡を受けた者に改正すると共に、これが適用をもあらしめるため現行刑法のごとく三年以上の懲役と改めたのであつて、刑法一九九条における三年以上の有期懲役は主として嬰児殺の場合に適用させる趣旨であり、成人を殺した者に対しては死刑又は無期懲役を適用する趣旨であつたのである。また、旧刑法第三編第一章第一三節には祖父母、父母の身体に対する罪を網羅規定し、その第三六二条において「子孫其祖父母ヲ謀殺故殺シタルモノハ死刑ニ処ス」とあつて、いわゆる尊属殺の刑は死刑のみであつたのを現行刑法二〇〇条はこれを緩和して無期懲役にも処し得るようにしたのである。なお右の刑法の節を改正する際祖父母、父母の名称をやめ新に尊属なる民事法規の用語を使用すると共に尊属に対する殴打創傷、誣告、誹毀等の加重規定を廃止した外一般に尊属に対する罪の法定刑を緩和した上（尊属殺の場合は前に述べた。また、殴打創傷その他の罪に因る致死は死刑であつたのを無期又は三年以上の懲役に緩和した。）更に旧刑法三六五条の特別の宥恕及び不論罪の例を用いることを禁じた規定をも廃止して、正当防衛等は勿論酌量減軽をも為し得るようにしたのである。論者よ、以上の改正がどうして親殺し重罰の観念を温存したことになり、また、何が古いワクをそのままにしたのであり、更に何が立法として筋が通らないのであるか、休み休み御教示に預りたい。問題は、むしろ現行刑法の法定刑の規定の仕方の当否である。現行刑法の法定刑は、旧刑法の法定刑を緩和すると共に同一罪名にして態様を異にする犯罪の各刑罰を概ね同一罪名の一ケ条に纒めたものであつて、その法定刑の種類、範囲の広汎、多数であること世界にその比を見ないのである。わが刑法各本条の法定刑は、学者が往々誤解するがごとく、単に一犯罪構成要件に該当するただ一つの事実に対する一回的な評価のみを規定したものではなく、いわゆる連続犯、牽連犯、包括一罪等は勿論常習等をも見込んですべてこれを賄い得るように包括的に規定したものであることに留意すべきである。かくのごとき刑罰の規定の仕方は、厳格なる意味において罪刑法定主義とはいえないのである。されば、旧刑法改正当時においてこそ法定刑の選択、宣告刑の量定において旧法に規定されたところと大差なかつたのであるが、星移り霜を重ねるに従い漸次旧法の刑が忘れられ、現在においては概して法定刑の軽き種類及び短期を標準とする傾向となつたのである。寛刑を法の涙と称え、口を開けば執行猶予と叫び、死者は誹謗され、被害者は無視され、かくて基本的人権は独り法廷に生き残つた加害者のみに存するがごとき観すら呈するに至つたのである。これを要するに論者の説は現行刑法の文字の末のみを見て毫もその沿革を知らず、ただ尊属に対する罪を旧態依然として重罰のみに処しているという先入観に基くものといわざるを得ない。最後に多数説は、刑訴四一三条本文に従つて本件を原裁判所に差し戻すべきものとした。しかし、本件は、訴訟記録並びに原裁判所において取り調べた証拠によつて直ちに判決をすることができると認められるから訴訟経済上同条但書によつて当大法廷において直ちに判決を為すべきものと考える』と述べている（本判決の批評としては、例えば、小野清一郎・尊属傷害致死罪の規定と憲法一四条・刑釈一二巻（昭和二九年）一九八頁以下　牧野英一・尊属殺傷例の合憲性（刑法研究一四巻二七六頁）、平野竜一・尊属傷害致死罪と憲法一四条・刑釈一二巻（昭和二九年）二〇七頁以下、伊達秋雄・尊属傷害致死罪の規定の合憲性に関する最高裁判所の判決について（法律時報二二巻一二号（昭和二五年））等参照）。

その他、憲法関係では、同じく、尊属傷害致死に関し

【114】「右刑法の条項は……卑属の背倫理性を重き犯情としてとくに考慮したものであつて、尊属を尊属なるが故に尊属よりも特別に尊重保護せんとした規定ではない。されば、背倫理性を重く処罰する刑法二〇五条二項の刑罰規定を目して憲法一三条に反するとの所論は採用できない」

旨及び、

「憲法二四条二項は……親族間の処罰事項等に関する立法まで包含する規定ではない。」(最判昭二九・一・二〇刑集八・一・五四)。

と判示するものがある。この点は最高裁判所最初の判例であることを指摘しておく。このほか、本条第二項は憲法第一三条、第一四条あるいは第二四条第二項のいずれにも違反しない合憲の法律であるとする東京高等裁判所の昭和二五年一〇月二四日判決(高裁刑特報一五・一一)がある。

さて、以上の判例を通じて確立された、尊属に関する規定の合憲性について、ここで詳細に云々する余裕はない。合憲論、違憲論、それぞれに理由をうちたてて論じているわけであるが、少くとも、考慮しなければならないのは、現行憲法が範をとつた米国憲法に通用する原理をそのまま、わが国の憲法に適用するという誤りを犯してはならないということである。世界の国々には、各々それぞれの風習と伝統があるものであり、社会的現実は各国必ずしも同一ではないのであるから、自国の社会的現実を直視し、伝統と慣行を重んじてことを決するようにしなければいけない。かく考えるとき、判例の態度には結論的にいつて一応賛意を表することが出来よう。

四　現場助勢罪　(二〇六条)

本罪の本質については、学説上争いがある。すなわち、本罪は現場における傷害の従犯を規定しているものであるか、それとも、従犯の程度に達せざる現場における声援を処罰するものであるか、ということこれである。

第一説は、本罪を以て、一種の幇助を独立罪としたものと解する。例えば、牧野博士は、『其ノ性質ニ於テ一種ノ幇助タルモ之ヲ特別罪ト為スナリ』とされ（牧野英一・重訂日本刑法下巻二八二頁）、また、小野博士も、『一種の幇助行為であるが、それを独立な特別の罪とするのである』と述べられているほか（小野清一郎・刑法講義各論一七四頁。同・刑法概論三二四頁では、『これは特殊の幇助罪である。一般の幇助罪よりも刑を軽くした減軽構成要件である』。と説かれている）、団藤教授が、『これはいわゆる「弥次馬」である。幇助の一態様であるが、群衆心理（仮案五七条四号参照）を考慮してとくに軽い刑を規定したものとおもう』と説かれるが如き（団藤重光・刑法三一五頁）、これであり、従つて、現場以外の幇助は従犯として処罰されることになる。学説の多数もこれに従う（宮本英脩・刑法大綱二八八頁、瀧川幸辰・刑法各論四五頁、木村亀二・刑法各論二九頁、斎藤金作・刑法各論二一五頁、江家義男・刑法概論各論一七〇頁、小泉英一・刑法各論一七八頁、植松正・刑法概論六〇〇頁、小野清一郎他・刑法コンメンタル三五九頁、瀧川幸辰他・刑法コンメンタール二五八頁等）。

第二説は、本罪を以て、共犯行為以外の勢援を処罰するものとする。例えば、大場博士は、『助勢トハ傷害及傷害致死ノ共同正犯及従犯タルノ行為ヲ除キタル他ノ行為ヲ以テ、傷害罪及傷害致死罪ノ犯サルルニ当リ、其勢ヲ助クル行為ナリ』とされ（大場茂馬・刑法各論上巻二二七頁）、岡田（庄）博士もまた、『余ハ多少ノ疑ヲ存スルモ助勢行為ハ幇助行為ニアラス従テ助勢者ハ幇助者ニアラサルカ故ニ暴行罪ノ現場ニ於テ助勢行為ヲ為シタルモノハ暴行罪ノ幇助犯ニアラスト解ス』と説かれるほか（岡田庄作・刑法原論各論五版（大正七年）四五一頁）、従前瀧川博士が、『この犯罪は傷害・傷害致死の現場に於ける応援が、従犯の程度に達しないものに

115

限られねばならない。従犯にもならないから、刑罰を軽くしたのである。現場における助勢が従犯にあたる場合は、当然の従犯として罰せられる(六二条、六三条)。「現場」の従犯といふだけの理由は、その他の従犯よりも有利に取扱はれる根拠にはならないからである』とされたが如き(瀧川幸辰・旧・刑法各論(昭和八年)九九頁)、これである(猶、草野教授が、『声援ノ事実アルモ之ニ因リテ正犯ノ犯罪実行ヲ容易ナラシメタル事実ヲ認ムルヲ得サル場合ヲ処罰スルモノト解スルヲ正当ト信ス随テ第二百六条ノ犯罪タルヤ結果ノ如何ニ拘ハラス挙動ノミノ存在ニヨリテ処罰セラルル学者ノ所謂挙動犯若クハ形式犯ノ一種ト解スヘキニ似タリ』とされているのを参照。草野豹一郎・傷害罪ノ現場助勢ト従犯法学新報三〇巻一二号(昭和九年)一〇三頁)。

この様に争はあるが、第一説が通説である。従つて、特定の正犯者を幇助してその傷害行為を容易ならしめた場合、及び、現場以外の助勢は傷害罪の従犯となる。

右の様な学説に対し、判例は、次の様に述べて、第一説によることを明かにしている。

【115】「刑法第二百六条ハ傷害ノ現場ニ於テ単ナル助勢行為ヲ為シタル者ヲ処罰スル規定ニシテ特定ノ正犯者ヲ幇助シテ其ノ傷害行為ヲ容易ナラシメタル場合ニ於テハ傷害罪ノ従犯ヲ以テ論スヘク同条ヲ適用スヘキモノニ非ス」(大判昭二・三・二八刑集六・一一九)。

これは、この種判例として唯一のもので、どの教科書にも引用されているところのものである。

五　同時傷害罪(二〇七条)

本罪も現場助勢罪と同様共犯の特別な場合に関するものである。立法理由としては、総則の規定に依ると、二人以上の者の間に共同暴行の意思がなければ、これを共犯とみとめることができないので、本条の様な特別な明文がないと、証拠認定上、或は何れの犯人に対しても単に暴行罪の刑を言渡さなければならなくなる虞れがあるので、本条の規定により特例として共犯例を適用する旨を明かにし、不当な結果を避けようとするものであると説かれている（泉二新熊・日本刑法論各論四〇版（昭和四年）五四六頁、小泉英一・刑法各論一七九頁、団藤重光・刑法三一五頁）。されば、小野博士は、『此は、立証の困難を救ふための政策的規定である。傷害の結果又は其の軽重につき法律上の推定をなすのであるから、刑法、否全刑事法に於ける著しい特例である』とされる（小野清一郎・刑法講義各論一七四頁、同刑法概論三二五頁、同趣旨瀧川幸辰・刑法各論四六頁、江家義男・刑法概論各論一七一頁、小野清一郎他・刑法コンメンタール三六一頁、瀧川幸辰他・刑法コンメンタール二五九頁。これらに反し、本条をもつて、推定規定にあらずして挙証責任の規定なりとするは、団藤重光・刑法三一五頁）。従つて、二人以上共同して人を傷害した場合は当然共同正犯の規定によるべきであつて、本条の適用は必要ないことになる。また、それと同時に、本条は二人以上が同時又は近接した時間内に順次暴行することを予想しているのであるが、実際問題として、時所を同じくしながら双方か少くとも一方に意思の連絡がない場合は極めて例外であるので、こうした事例の大多数は第二〇七条の適用外にあることになろう。

さらに、この規定に対しては、それが責任の推定を認めた時代錯誤の規定であるとの非難が加えられている。例えば、宮本博士が、『特別共犯例の如きは全く嫌疑罰を科するに外ならないのであつて、その不当なことはいふをまたない』とされるが如き（宮本英脩・刑法大綱二八九頁、同趣旨瀧川幸辰・旧刑法各論九九頁。なお、植松正・刑法概論五九九頁参照）、これである（しかし、改正刑法仮案三五〇条は、現行刑法と同趣旨の規定を置いている）。たしかに、もし、本条の論理をおし進めれば、殺人罪について本条に規定するような場合が起つたとき、一体如何に解決すべきだろうか。『学者はかくの如き明文のない以上は、その行為者のすべてを未遂を以て論ずる外なしとする。蓋し、疑はしきは軽きに従うという訴訟法上の原則を借り来つた如く思はれる』（草野豹一郎・刑法要論（昭和三一年）三〇〇頁）のであるが、首尾一貫しない憾みは拭うべくもあるまい。

さて、本罪につき、判例は如何なる態度を示しているであろうか。

まず、本条の趣旨を説明したものとして、次の判決がある。すなわち、

「被告友恵ハ予メ他被告等ト謀テ島太郎ヲ殴打シタルモノニ非サルモ他被告等ノ犯行ノ現場ニ於テ之レニ声援シ且島太郎ヲ捕ヘ他被告等ト共力シテ暴行ヲ加ヘタ」

という事実に対し言渡された

【116】「数人カ共同シテ他人ニ暴行ヲ加ヘタル場合ニ其間ニ意思ノ連絡アルトキハ之ニ対シ刑法第六十条ヲ適用シ各自ヲ正犯トシテ刑ヲ科スヘク其暴行カ共同者ノ予謀ニ出テタルト否トヲ区別スルコトナシ之ニ反シテ暴行者間ニ意思ノ連絡ヲ欠ク場合ニ於テハ各自ヲシテ其現ニ加ヘタル傷害ニ対シテ責任ヲ負ハシムルヲ原則トシ各自ノ加ヘタル傷害ノ軽重ヲ知ルコト能ハス又ハ其傷害ヲ生セシメタル者ヲ知ルコト能ハサルトキハ玆ニ刑法第二百七条ヲ適用シ共犯ニ関スル第六十条ノ規定ニ準拠シ各自ヲシテ傷害ノ結果ニ対シテ全部ノ責任ヲ負ハシムヘキモノトス」(大判大三・七・一四刑録二〇・一五一六)。

とするもの、これである。

次に、暴行が同時同所でない場合にも本罪の成立を認めたものとして、

「昭和十年十月二十四日午後八時頃長崎県北松浦郡南田平村大字小平田松田新蔵方ニ於テ稲沢朝則外一名ト格闘シタル原廉平カ稲沢ノ為ニ下駄又ハ釣用糸巻等ニテ頭部其ノ他ヲ殴打セラレタルモ居合セタル被告人ニ制止セラレ一旦平静ニ復シ帰途ニ着キタルトコロ稲沢ハ更ニ之ヲ追ヒ後方ヨリ下駄ニテ原ノ頭部ヲ数回殴打シ右新蔵方前路上ニ於テ争闘中被告人ハ其ノ場ニ到リ之ヲ制止シタルモ原ノ応セサリシヨリ業ヲ煮シ突如原ヲ真逆様ニ路上ニ投付ケ其ノ頭部ヲ路面ニ強打セシメ失神状態ニ陥ラシメタ」

なる事実につき言渡された、

【117】「刑法第二百七条ハ二人以上ノ者カ共同的行為ニ非スシテ各別ニ暴行ヲ加ヘ他人ヲ傷害シ而モ傷害ノ軽重又ハ傷害ヲ生セシメタル者ヲ知ルコト能ハサル場合ノ規定ニシテ其ノ暴行カ同時同所ニ於テ行ハレタルト否トヲ問ハサルモノトス」（大判昭一一・六・二五刑集一五・八二三）。

なる判決がある。これは、同時同所か又は近接した時間内という学説上の要件からすると疑問の余地がある。現に、草野教授は、『本判決が刑法第二百七条を解して、其の暴行が時所を異にすると否とを問わないとしたことに対しては疑義なきを得ないものがある』とされた上、『共犯を以て律することを得ない同時犯の場合にのみ刑法第二百七条の適用があると解せざるを得ないのである。かくして、刑法第二百七条は同時犯の場合にのみ適用があるものと解することが誤ないとするならば、自ら其の所謂二人以上によつて為さるる暴行は時と場所を同うすることを要することとなる』と批評されている（草野豹一郎・刑法第二百七条の意義（刑事判例研究第三巻（昭和一二年）二七五頁以下））。

こうした批判に刺戟されてか、その後判例は、

「被告人両名ハ昭和十年十二月下旬以後同十一年一月中旬過頃迄ノ間孰レモ犯意継続シテ十数回ニ亘リ自宅ニ於テ文雄ニ対シ手拳又ハ物指玩具等ヲ以テ殴打スル等暴行ヲ加ヘ因テ其ノ頭部其ノ他身体十数ケ所ニ挫創皮下出血等無数ノ傷害ヲ加ヘタルモノニシテ其ノ軽重ヲ知ルコト能ハス又其ノ傷害ヲ生セシメタル者ヲ知ル能ハサルモノナリ」

とする事実に対し、

【118】「刑法第二百七条ハ二人以上ノ者カ共同行為ニ非スシテ同時ニ各別ニ暴行ヲ加ヘテ他人ヲ傷害シ而モ

傷害ノ軽重又ハ傷害ヲ生セシメタル者ヲ知ルコト能ハサル場合ニ対スル規定ナルヲ以テ二人以上ノ暴行カ時間的及場所的ニ相競合スル場合ニノミ其ノ適用ヲ見ルヘキモノナルコト所論ノ如クナレトモ二人以上ノ各暴行カ夫々同一ノ一定期間ニ亘リ同一場所ニ於テ同一客体ニ対シ相近接シテ数次ニ反覆累行セラレ其ノ所為カ連続一罪タル傷害罪ヲ構成スルカ如キ場合ニ於テハ尚其ノ二人以上ノ暴行行為ハ日時及場所的ニ相競合スルモノト解スルヲ相当トス」（大判昭一二・九・一〇刑集一六・一二五五）。

と判示して

「互ニ意思連絡ナキ二人以上ノ各暴行カ夫々同一ノ一定期間ニ亘リ同一場所ニ於テ同一客体ニ対シ相近接シテ数次ニ反覆累行セラレ其ノ所為カ連続一罪タル傷害罪ヲ構成スル場合ニ於テ其ノ傷害ノ軽重又ハ傷害ヲ生セシメタル者ヲ知ルコト能ハサルトキハ刑法第二百七条ノ適用アルモノトス」

る旨説いている。

次に、『其傷害ヲ生セシメタル者ヲ知ルコト能ハサルトキ』の意義に関しては、『数人中何人の暴行によつて傷害が生じたか明らかな場合は勿論、その傷害が数人中特定人の暴行によるものと認めることのできない場合においても、その特定人に対しては、本条は適用されない』旨判示した、

【119】「「刑法第二百七条後段には、二人以上にて暴行を加え人を傷害した場合に於て、その傷害を生ぜしめた者を知ること能わざるときは、共同者に非ずと雖も共犯の例による」と規定されているから、この規定が適用される為には、数人の意思の連絡なくして、時間的場所的に相近接して同一人に暴行を為したこと、その結果その者に傷害を生ぜしめたこと、しかもその傷害は何人の暴行に因るか不明であることを要件とする。従つて数人中何人の暴行に因つて傷害を生じたか明らかな場合は勿論、その傷害が数人中特定人の暴行に因るものと認めることの出来ない場合に於ても、その特定人に対しては右の規定は適用されないものと解すべきであ

る」（札幌高函館支判昭二六・一一・一九高裁刑特報一八・一一七）。

がある。

また、共犯との関係については、『まず第二〇七条は、共謀者でない数人が暴行を加え人を傷害した場合に適用すべき規定であつて、共謀者のした犯罪に適用すべきではない』旨判示した、前出大審院明治四三年六月二〇日判決【46】があるほか、

「被告孝治秀雄ノ両名ハ云云薫ノ言行ヲ快トセス玆ニ同人ニ対シ制裁ヲ加ヘンコトヲ発意シ被告隆三保男重利源吾義輔ヲ説キ之ニ加入セシメ被告七名ハ更ニ外三十六名ノ寄宿生ヲ勧メ共ニ薫ニ制裁ヲ加フルコトヲ謀リ云云各自薫ヲ詰リタルニ薫ハ服従ノ意ヲ示ササルノミナラス却テ反抗ノ気勢ヲ示シタルヨリ被告七名其他ノ者ハ大ニ憤激シ即時同所ニ於テ手、帯又ハ麻縄ヲ以テ薫ヲ乱打シ因テ疾病休業数日間ヲ要シタル創傷ヲ負ハシメ延ヒテ云云急性幻覚性錯迷病（精神病ノ一種）ヲ発生セシメタルモノナリ」

とする事実に対する判決、

【120】「刑法第二百七条ハ二人以上共謀スルコトナクシテ暴行ヲ加ヘ人ヲ傷害シタル場合ニ関スル規定ニシテ右判示事実ノ如ク二人以上共謀シテ暴行ヲ加ヘ人ヲ傷害シタル場合ニ適用ナキモノナレハ原判決ニ於テ右判示事実ニ対シ同法第二百四条ノ外ニ同法第二百七条ヲ適用セサリシハ正当ナリ」（大判明四三・一一・四刑録一六・一八四四）。

があつて、傷害罪の共犯と本条との関係を明かにしており、さらに、『二人以上共同して暴行を加え人を傷害した場合には、本条を適用する必要はない』とする判決、

【121】「刑法第二百七条ハ共同者ニアラスシテ二人以上暴行ヲ加ヘ人ヲ傷害シタル場合ノ規定ナルカ故ニ二人以上共同シテ暴行ヲ加ヘ人ヲ傷害シタル場合ニ在リテハ同条ヲ適用スルノ要ナキモノトス」（大判明四四・三・二刑録一七・二四

九、同趣旨大判昭二・六・二七評論一六刑法一八八、名古屋高判昭二五・七・二二高裁刑特報一三・六五）。

がある。次に、『二人以上共同して暴行を加えた場合において、意思の連絡があるときは、共同正犯となり、意思の連絡のないときは、本条によるべきである』とするものに、前出大審院大正三年七月一四日判決（【116】）のほか、同趣旨のものとして、大審院昭和一一年一一月七日判決（裁判例（一〇）刑八一）があり、『二人以上の者が共謀しないで他人に暴行を加え、傷害致死の結果を生じ、その傷害を生じさせた者を知ることが出来ない場合は、本条により、共に傷害致死罪の責任を負う』旨判示したものとして、

【122】「原判決は本件傷害致死の事実について被告人外二名の共同正犯を認定せず却つて二人以上の者が暴行を加え人を傷害ししかもその傷害を生ぜしめた者を知ることができない旨判示していること原判文上明らかなところであるから、刑法二〇七条を適用したからといつて、原判決には所論の擬律錯誤の違法は存しない」（最判昭二六・九・二〇刑集五・一〇・一九三八）。

とするものがある。

いずれも、共謀があれば共犯の規定によることを判示しているまでのことで、当然である。

最後に、同時暴行者に対する量刑と憲法第一三条第一四条の問題を取り扱つたものとして、

【123】「本条にいう同時暴行者に対し、各般の事情を参酌して科刑上差等を設けても、憲法一三条、一四条の精神に反しない」（福岡高判昭二五・四・二二八高裁刑特報八・一二〇）。

のあることをつけ加えておこう。

六　暴　行　罪（二〇八条）

一　各種犯罪に於ける暴行の意義

暴行罪には、実質的にいつて、本来的な暴行罪と傷害罪の未遂の場合が含まれる。このことは、前述した傷害罪の説明から明かである。然るに、『暴行』という概念自体は、刑法々典中の各所に用いられて居り、各々その意味内容を異にするので、その異つた刑法各本条の要素となるに応じて、その具体的内容を別異に把握しなければならない（小野清一郎・刑法講義各論一六八頁参照）。

さて、こうした暴行の概念は牧野博士以来四種類に分けて説明されている。そこでまず、ここにその概観を与えておこう。すなわち、

（一）最も広義に解するときは、暴行とは有形力すなわち物理力行使の総ての場合をいい、人に対すると物に対するとを問わない。例えば、騒擾罪（一〇六条）、内乱罪（七七条）に於ける暴行がこれである。

（二）人に対する有形力の行使をいい、この場合、直接人に対すると物に対するとを問わないが、結局は人に対するものであることを要する。例えば、公務執行妨害罪（九五条）に於ける暴行がこれである。

（三）人の身体に対し直接加えられることを必要とし、物に対する場合を除外する。例えば、暴行罪（二〇八条）に於ける暴行がこれである。

（四）人の抵抗を抑制又は困難ならしめる程度であることを必要とし、例えば、強姦罪（一七七条）、強盗

罪（二三六条 二三八条）に於ける暴行がこれである（牧野英一・日本刑法（昭和七年）六三二頁、小野清一郎・刑法講義各論一六八頁、瀧川幸辰・刑法各論四〇頁、宮本英脩・刑法大綱二八二頁。木村亀二・刑法各論二一一頁団藤重光・刑法三一六頁、小泉英一・刑法各論一七二頁、植松正・刑法概論六〇〇頁等参照。尤も、暴行陵虐罪の暴行については、小泉博士はこれを(二)に入れ植松教授はこれを(三)に入れる。これについては、ここにあげられているそれぞれの頁参照）。

これを、判例についてみると、例えば、（一）については、

【124】「騒擾ハ多衆聚合シテ暴行又ハ脅迫ヲ為スニヨリテ成立スルモノニシテ斯ル行為ハ自ラ公共ノ平安ヲ害スヘキ危険性ヲ有スルモノナリ」（大判大一二・四・七刑集二・三二二、同趣旨大判昭二・七・八新聞二七二八・九評論一七刑法一〇一）。

とし、しかも、右の暴行脅迫は、公共の平安を害すべき危険性あれば足り、現実に具体的結果の発生を必要としない旨判示した判決の中で、

【125】「刑法第百六条ノ騒擾罪ハ同条ノ規定ニヨルトキハ多衆聚合シテ暴行又ハ脅迫ヲ為スニヨリテ成立スルモノニシテ……其ノ所為ノ結果特ニ当該地方ニ於ケル静謐ヲ害スル事ヲ要件トスルモノニ非ス」（大判大一三・七・一〇刑集三・五七〇、同趣旨、大判昭二・一二・二〇新聞二八〇二・九評論一七刑法二二、大判昭五・一〇・二〇新聞三二〇四・七評論一九刑法三一二）。

と説示して居り、従つて、

【126】「騒擾罪ハ多衆カ聚合シテ暴行又ハ脅迫ヲ為スニ因リテ成立シ敢テ現実ニ地方ノ静謐ヲ害シタルコトヲ要スルモノニ非ス止タ静謐ヲ害スル虞アルヲ以テ足ルモノトス」（大判昭六・九・二新聞三三三一四・七評論二〇刑法二六三）。

となり、その結果、

【127】「刑法第百六条ノ騒擾罪ハ多衆聚合シテ暴行又ハ脅迫ヲ為スニヨリテ成立スルモノニシテ多衆カ共同ノ力ヲ利用シテ暴行又ハ脅迫ヲ為スコトヲ要スルモ其ノ他ニ特ニ騒擾ノ意思又ハ騒擾ノ行為アルコトヲ要セス而シテ其ノ暴行脅迫カ不定ノ多数人ニ対スルト特定ノ一個人ニ対スルトハ本罪ノ成立ニ何等ノ影響ナキモノトス」（大判大一三・五・五新聞二二二七一・二一評論一三刑法二一一）。

ということにもなるが如きは、まさに、それである。

次に、(二)については、まず、旧法時代のものとして、

【128】 「刑法〔旧刑法〕第百三十九条ニ所謂暴行ハ必シモ官吏ノ身体ニ対シ直接ニ之ヲ加フルコトヲ要セス官吏其職務ヲ執行スルニ当リ苟モ暴行ヲ以テ其官吏ニ抗拒シタルトキハ直接タルト間接タルトヲ問ハス官吏ノ職務執行妨害罪ヲ構成ス故ニ原判決ニ認ムル如ク被告両名共謀ノ上寺岡税務属ノ職務執行ヲ妨害スル為メ同人カ其職務上被告方ノ徳利ヲ取上ケ其内容物ニ付訊問スル際腕力ヲ以テ之ヲ奪取リ剰ヘ之ヲ破砕シテ其職務執行ヲ妨害シタル以上ハ暴行ヲ以テ其職務執行ヲ妨害シタルモノナルヲ以テ其罪ヲ構成スルコト論ヲ俟タス」（大判明三七・七・五刑録一〇・一五〇三）。

とするものがあり、次に、現行刑法になってからは、

【129】 「刑法第九十五条ニ所謂暴行トハ公務員ノ身体ニ対シ直接又ハ間接ニ不法ノ攻撃ヲ加フルノ義ナレトモ其攻撃タルヤ必スシモ公務員ノ身体ニ危害ヲ及ホスノ虞アルモノナルコトヲ要セス」（大判明四四・七・六新聞七三二・二八）。

と判示するものがあるが、実際の事例として現われたところでは、まず、取調中の被疑者を室外に引出すために抗争することを、本条にいう暴行になると判示している、

【130】 「刑法第九十五条ニ所謂暴行トハ公務員ノ身体ニ対シ直接タルト間接タルトヲ問ハス不法ニ攻撃ヲ加フルヲ云フ原判決ヲ閲スルニ被告ハ賭博犯人トシテ引致セラレタル田久保寅松ヲ派出所事務室ニ於テ取調ヘツツアリシ巡査部長木内由蔵ニ対シ室外ヨリ寅松ヲ渡セナト種々暴言ヲ吐キ同部長カ再三制止シタルモ之ヲ肯セス更ニ同事務室内ニ闖入シ寅松ノ右手ヲ捉ヘテ同人ヲ室外ニ引出サント努メ右暴行ニ因テ同部長ヲシテ寅松ニ対スル取調ヲ中止スルノ止ムナキニ至ラシメ其職務執行ヲ妨害シタリトアリテ被告ハ寅松ノ手ヲ捉ヘテ引出サントシ巡査部長ハ之ヲ抑止セントシテ互ニ抗争シタルコト行文上就中「引出サント努メ右暴行ニ因テ云云」等

ノ字句ニ依リ自カラ歴然タレハ原判決ハ被告カ巡査部長ノ身体ニ対シ暴行ヲ加ヘタル事実ヲ認示スルノミナラス巡査部長ノ職務執行中暴行ヲ加ヘタルモノナルコトハ「寅松ヲ取調ヘツツアリシ巡査部長木内由蔵ニ対シ云云取調ヲ中止スルノ止ムナキニ至ラシメ」トアルニ依リ之ヲ認示シタルコト明白ナルカ故ニ刑法第九十五条第一項ヲ適用シタル原判決ハ擬律錯誤ニ非ス」(大判明四二・六・一〇刑録一五・七五七)。

とするものがあり、また、巡邏中の警官の乗船に対する暴力行為を取り扱つたものに、

【131】「刑法第九十五条ノ罪ハ公務員カ職務ヲ執行スル場合ニ於テ公務員ニ対シテ暴行脅迫ヲ加フルニ因リテ成立シ暴行脅迫カ直接ニ公務員ノ身上ニ対シテ行ハルルコトヲ必要トセス原判示ノ如ク被告等ニ於テ警察署長カ群衆取締ノ為メニ船ニ乗込ミ水夫二名ヲシテ操縦セシメ巡邏中船ニ取縋リ水夫ニ暴行ヲ加ヘ船板ヲ以テ舷ヲ叩キ又ハ錨ヲ舳先ニ投付ケ又ハ備付ノ器具ヲ破壊スル等ノ暴行ヲ為シ警察署長ヲシテ群衆取締ヲ為シ能ハサラシメタル行為ハ公務員タル警察署長カ職務ヲ執行スルニ当リ直接ニ之ニ暴行ヲ加ヘタルモノニ外ナラサレハ縦令被告等ノ暴行カ警察署長ノ身上ニ加ハラサリシトスルモ刑法第九十五条第一項ノ罪ノ成立ヲ妨ケス」(大判大六・一二・二〇刑録二三・一五六七)。

がある。そのほか、『村会の議事を開くに当り、議席より議案を掻浚うような行為は、職務執行中の公務員に対する暴行である』とする大審院昭和七年四月五日判決(新聞三四二五・一三評論二一・一六二)、『税務官吏が令状に基き差し押えた焼酎入甕を破砕する行為を税務官吏に対する暴行と認めた』高松高等裁判所昭和二五年七月五日判決(高裁刑特報一一・二〇六)があり、さらにまた、押収されてトラックに積込まれた煙草を投げ捨てる行為をとらえた、

【132】「公務員の職務の執行に当りその執行を妨害するに足る暴行を加えるものである以上、それが直接公務員の身体に対するものであると否とは問うところではない。本件において、原判示によれば、被告人は浅羽

事務官等が適法な令状により押収した煙草を街路上に投げ捨ててその公務の執行を不能ならしめたというのであるから、その暴行は間接には同事務官等に対するものと謂い得る。故にかかる被告人の暴行を公務執行妨害罪に問擬した原判決は正当でこれを攻撃する論旨は理由がない」（最判昭二六・三・二〇刑集五・五・七九五）（この判決については、伊達秋雄・物に対する暴行と公務執行妨害（刑釈一三巻（昭和三一年）九八頁以下参照））。

とするもの、『収税官吏の捜索押収の現場において、同人らの制止を排除し、差押にかかる密造酒入りのびんその他の押収物を積載した三輪自動車に乗り込み、右の押収物を車内に投げつけ、足蹴にして破砕流失させた所為は、本罪の暴行となる』とする大阪高等裁判所昭和二七年五月二七日判決（高裁刑集五・六・九三〇）があり、この反対に、この意味での暴行にならない旨判示したものに、『本罪の暴行又は脅迫は、直接又は間接に公務員に対し加えられることを必要とし、巡査より取調を受けている者の腕を握り、戸外に引き出そうとして同巡査の取調を一時中止させただけでは、暴行の事実を認め難い』とする大審院大正三年三月二三日判決（新聞九三五・二七、評論三刑法一二七）、『容器をその場にころがして醪を流失せしめたのみで、右容器の転倒或は醪の流出が公務員等に対して行われたことが認められない限り、未だ以て公務員に対し、暴行又は脅迫がされた場合に該当しない』とする福岡高等裁判所昭和二五年六月二七日判決（特報一一・一三三）、及び、会社業務の妨害の現行犯として検挙に向った警察官等に対し、労働者等がスクラムを組み労働歌を高唱して気勢をあげただけでは、暴行脅迫と認め難いとする、

【133】「スクラムを組み労働歌を高唱して気勢を挙げた被告人等の行為自体が所論の如く有形力の行使即ち暴行となるか否かの点について原判決は前記の如き認定事実を基礎として、結局積極的抵抗を欠くものとして証明不十分と結論しているのである。即ち原判決は被告人等がスクラムを組み労働歌を高唱して気勢を挙げた

事実を認定してはいるが、それだけで警察官等に対して暴行脅迫が行われたものとは認定していないのである。故にこの点に関する論旨も結局原判決の事実誤認を前提とする議論であつて採用するを得ない」(最判昭二六・七・一八刑集五・八・一四九七)。

がある。

いずれも、結局、人に対するものであるならば、直接には物に対する暴行も、本条にいう暴行になるとの考えにもとづくものである。

さらに、(三)については、後に詳細に取り扱うことにして、(四)については、まず、強姦罪につき、

【134】「刑法第一七七条にいわゆる暴行又は脅迫は、被害者の抗拒を著しく困難ならしめる程度のものであることをもつて足りる」(最判昭二四・五・一〇刑集三・六・七一一)。

とするものがあり、次に、第一七七条にいわゆる暴行とは、被害者の意思に反してこれに有形力を加えることであつて、その力の大小強弱を問わない旨判示する、

【135】「しかし刑法第百七十七条にいわゆる暴行とは被害者の意思に反してこれに有形的な力を加えるというのであつてその力の大小強弱を問わないものと解するのが相当である。然るに原判決挙示の証拠によれば、被告人は厭がる被害者の両腕を押えつけその上に乗りかかり強いて姦淫したことが窺われるから、同条にいわゆる暴行をもつて婦女を姦淫したものと認めるにかくるところはない」(大阪高判昭二四・一一・七刑集(昭和二四年分其の四)三五)。

がある。

また、強盗罪につき、旧法関係に、犯罪遂行の直接手段たることを要する旨判示した、

【136】「強盗罪ハ暴行脅迫ヲ以テ現ニ犯罪遂行ノ直接手段ト為ササルヘカラス仮令暴行脅迫ノ行為アルモ単ニ之ヲ以テ恐喝ノ一材料ニ利用シタルニ過キサルトキハ強盗罪ノ要素ヲ完全スル能ハサルモノトス原判決ニ依レハ被告ハ本山重市カ大和義雄ノ代人ト為リテ被告ノ財産ヲ差押ヘ且名誉信用ヲ害スヘキコトヲ言触ラシタルヲ恨ミ重市ノ住所ナル氏神ノ祭典ニ際シ酒気ニ乗シ重市ヲ恐喝シテ金員ヲ騙取シ以テ其恨ヲ霽サント欲シ近藤勘四郎近藤静右衛門ノ両人ニ謀リテ同意セシメ三名共ニ重市方ニ到リ同人ニ対シ暴言ヲ吐キ且暴行ヲ加ヘテ以テ被告等ハ若シ其意ニ背ケハ乱暴ヲ為スヘキ恐アル者タル挙動ヲ示置キ以テ同人ニ対シ和解トシテ金十円ヲ出セト迫リ又名誉ヲ回復セヨト談シ重市ヲシテ其求ニ応セサレハ如何ナル危害ヲ加ヘラルルヤモ測リ難シト思ヒ恐怖ノ余リ金円ヲ交付セストスル場合ニ立至ラシメタルモ其妻及ヒ近隣ノ者ノ為メ制止セラレ騙取ノ目的ヲ遂ケサリシモノニシテ被告等カ重市ヲシテ金員ヲ交付セントスルニ至ラシメタルハ重市ヲシテ被告等ハ乱暴ヲ為スヘキ恐アル者ナルヲ以テ若シ其求ニ応セサレハ如何ナル危害ヲ加ヘラルルヤモ測リ難シト思ハシメ即チ後難ヲ恐ルルノ念ヲ生セシメタルニ因ルモノナレハ被告等ノ所為ハ恐喝取財ノ未遂罪ニシテ強盗未遂ノ犯罪ヲ構成スヘキ謂ハレナシ」（大判明四〇・四・一二刑録一三・三四〇）。

とするものがあり、現行刑法になつてからは、被害者の反抗を抑圧する程度のものであることを説いた典型的な判決、

【137】「強盗罪ニ於ケル暴行脅迫ハ被害者ノ反抗ヲ有形的又ハ無形的ニ抑圧スルニ足ル可キ程度ノモノタルコトヲ要ス」（大判大三・四・四新聞九四〇・二二）。

があり、

ついで、殺害行為が本罪暴行の最たるものである旨判示した

【138】「原判決ハ被告磯平ハ「大森嘉右衛門ヲ殺害シテ其所持金ヲ強奪センコトヲ決意シ突然棒ニテ嘉右衛

門ノ頭部ヲ乱打シ同人ヲ殺害シテ其所持金百六十円ヲ奪取シタリ」トノ認定事実ニ付強盗致死罪ヲ以テ問擬シ刑法第二百四十条ヲ適用セラレタリ然レトモ刑法第二百四十条ハ「強盗人ヲ死ニ致シタルトキハ」ト規定シアルカ故ニ致死以前ニ於テ既ニ業ニ強盗罪ノ成立スルニハ先ツ暴行又ハ脅迫ノ手段ヲ用ヰタルノ事実アルヲ要シ其所謂暴行トハ身体ニ対スル不法ノ物質力ヲ謂ヒ固ヨリ殺害行為ヲ包含セスト解ス既ニ然レハ原審ニ於テ本件被告ヲ強盗致死罪ヲ以テ問擬スルニハ被告カ大森嘉右衛門ヲ殺害スル以前ニ於テ須ク先ツ嘉右衛門ニ対シ暴行又ハ脅迫ヲ加ヘタルノ事実ナカルヘカラス然ルニ之レ無キニ拘ハラス直ニ強盗致死罪ニ問擬シタル原判決ハ不法ニシテ到底破毀ヲ免レスト信スト云フニ在レトモ強盗致死罪ハ結果犯ナルヲ以テ其致死ノ結果カ強盗ノ現行犯中ニ於ケル犯人ノ行為ニ基ク以上ハ総テ同罪ヲ構成スルモノトス又強盗ノ手段タル暴行ハ被害者ノ反抗ヲ抑圧スヘキ行為ヲ謂フモノニシテ殺害行為ハ被害者ノ反抗ヲ全然不能ナラシムルモノナルヲ以テ暴行ナルコト論ヲ俟タス然レハ強盗ノ手段トシテ殺害行為ヲ為シタルトキハ即チ致死ノ結果カ強盗ノ現行中ニ於ケル犯人ノ行為ニ基クモノナルコト勿論ナルヲ以テ強盗致死罪トシテ論スヘキハ当然ナリ本件ハ殺害行為ヲ強盗ノ手段トシタルモノナレハ原判決ノ擬律ハ相当ニシテ論旨ハ理由ナシ」（大判大三・六・二四刑録二〇・一三三四）。

がある。

次に、暴行が反抗抑圧に充分なりや否やは客観的標準によるべき旨を説いたものとして、

【139】「他人に暴行又は脅迫を加えて財物を奪取した場合に、それが恐喝罪となるか強盗罪となるかは、その暴行又は脅迫が、社会通念上一般に被害者の反抗を抑圧するに足る程度のものであるかどうかと云う客観的基準によつて決せられるのであつて、具体的事案の被害者の主観を基準としてその被害者の反抗を抑圧する程度であつたかどうかと云うことによつて決せられるものではない。原判決は所論の判示第二の事実について、被告人等三名が昭和二二年八月二三日午後十一時半頃被害者方に到り、判示の如く匕首を示して同人を脅迫し同人の差出した現金二百円を強取し更に財布を掴ぎ取つた事実を認定しているのであるから、右の脅迫は社会通

念上被害者の反抗を抑圧するに足る程度のものであることは明かである。従つて右認定事実は強盗罪に該当するものであつて、仮りに所論の如く被害者田中政雄に対しては偶々同人の反抗を抑圧する程度に至らなかつたとしても恐喝罪となるものではない」（最判昭二四・二・八刑集三・二・七七）。

があり、そうした暴行は一般的に反抗抑圧可能のもので足りる旨判示した。

【140】「刑法第二百三十八条に所謂暴行脅迫とは、相手方の反抗を抑圧する程度のものであることを要することは所論の通りであるが其の程度は、反抗を抑圧する手段として、一般的客観的に可能と認められる程度のものであれば足り、如何なる場合にも現実的に反抗を抑圧し得るものであること又は現実的に反抗を抑圧したか否かは必要ではない。而して原判決挙示の証拠によれば被告人が逮捕を免れる為、上田隆夫の顔面を手拳で数回殴打し因つて治療約十日間を要する左上下門歯左上歯が可動性となる程の口唇打撲傷を負わしめたことを認めることが出来、斯の如き程度の暴行は一般的観察上、右上田の逮捕行為の遂行を抑圧する手段として功を奏する可能性があるといわなければならぬ。従つて原審が原判示第二の事実を認定し之に対し刑法第二百三十八条を適用し同法第二百四十条前段を以て問擬したのは相当である」（広島高判昭二六・一・一二三高裁刑特報二〇・一）。

がある。されば、犯人が現実に被害者の自由を制圧したことは必要ないのであつて、この旨、

【141】「強盗罪の成立には被告人が社会通念上被害者の反抗を抑圧するに足る暴行又は脅迫を加え、それに因つて被害者から財物を強取した事実が存すれば足りるのであつて、所論のごとく被害者が被告人の暴行脅迫に因つてその精神及び身体の自由を完全に制圧されることを必要としない。そして原審は、論旨摘録のように、被告人等が判示午前一時頃屋内に侵入し、被告人内海及び右佐藤はそれぞれ草刈鎌を、被告人田中はナイフを被害者久布白等に突付交々「静かにしろ」「金を出せ」等言って脅迫し、同人を畏怖させ、その所有の現金三千百七十円、腕時計、懐中時計、ライター等四十数点を強奪しと判示して、被告人等が社会通念上被害者の反抗を抑圧するに足る脅迫を加え、これに因つて被害者が畏怖した事実をも明に説示して、手段たる脅迫と

財物の強取との間に因果関係の存することをも認定しているが、これに対し刑法第二四九条を適用せずに同法第二三六条第一項を適用したのは正当である」（最判昭二三・一一・一八刑集二・一二・一六一六）。
と判示されている。

右の様な要件に合致した強盗罪に於ける暴行の事例としては以下のようなものがある。まず、女だけの家に侵入して家人の口を手で押える行為につき、

【142】「判示事実のように四月八日頃の午後七時過頃に婆さん（清水モト当五八年）と、娘（美佐枝当二六年）だけの住家に成年男子三人も侵入して婆さんの口元を手で押えようとしたらそれは被害者の反抗を抑圧する暴行であると認定しても何等実験則に反するものではない」（最判昭二三・一〇・二一刑集二・一一・一三六二）（本判決については、伊達秋雄・相手方の反抗を抑圧するに足る暴行の認定・刑釈一〇巻（昭和二八年）三二頁以下参照）。

とするものがあり、次いで、兇器を突き付けて被害者をしばる行為につき、

【143】「原判決によると被告人等は深夜森下儀一郎方へ侵入し同人に対し、被告人李は所携の小刀を、相被告人炭谷博之は庖丁を持つて「静かにせよ」「金を出せ」等と言つて脅迫し、且つ布片等で右儀一郎及びその妻を縛り上げ猿轡を篏め目隠をする等の暴行を加えてその反抗を抑圧した上金品を強奪したと判示しているのであつて、右の如き脅迫と暴行とは相俟つて強盗の手段として被害者の反抗を抑圧する程度のものであることは明白であるから、原判決の記載には所論のような理由不備の違法はない」（最判昭二四・一・二五体系刑法各則Ⅳ三六六）。

と判示するもの、さらに、深夜路上で婦人にだきつく行為を論じたものに、

【144】「原審は「被告人が昭和二三年七月一九日午後一一時頃埼玉県北足立郡蕨町旭町四八七三番地附近の道路上において偶々出会つた野崎次子（当時二三年）に突然抱きつき更に同女の額をついてその場に顚倒せしめて反抗を抑圧した上同女の所持した現金二〇〇円外化粧用品等在中の手提鞄一個を強取した」との事実を認

定しているのである。論旨は「被害者はダンサーと云う職業であつて男子を相手に男性の肉体には常に接触して居るので抱く様にしたとしても、その位の事にて精神的に抑圧するものでない」と主張するのである。しかし、判示のように当時妙齢二十三歳の一婦人が、天下の公道において、たまたま出会つたに過ぎない一面識もない全く見ず知らずの男から、人も寝静まる深夜十一時頃というのに、出会頭らに突然抱きつかれ、あまつさえ額をつかれて路上に顛倒せしめられたとあつてみれば、よしやそれが平素男性の肉体に触れ親しむ職業のダンサーであろうと誰であろうと恐怖の念にかられ反抗の意思を抑圧されたものと見るのがわれわれの健全な常識である、と言わねばならぬ。判示犯人の所為を強盗罪に当るものとした原判決には所論のような違法はない」（最判昭二四・五・一九 体系刑法各則Ⅳ三六七）。

日本刀を突きつける行為につき、

【145】　「日本刀を突き付ける行為は、人の身体に対する不法な有形力を行使したものとして、暴行といいうる」（最判昭二八・二・一九 刑集七・二・二八〇）。

夜間女一人の住家へ侵入の上の暴行脅迫につき、

【146】　「強盗罪の成立に必要な暴行または脅迫は、周囲の事情や被害者の精神上、体力上の関係などを客観的に観察し、社会通念上、被害者の反抗を抑圧するにたるものであるか何うかという客観的標準によつて決定すべきものであり、被害者が犯人の暴行または脅迫によりその精神及び身体の自由を完全に制圧されたことを必要とするものでない。本件において原判決挙示の証拠によれば、被告人は午前二時頃、二九歳の女一人だけの住家に侵入し、寝室の障子に錠がかかつていたので、用意した薪を携えたまま体ごと障子に打ち突けてこれを破り、臥床中の女の蒲団の上に転じ込んだので、両手と胸で女の上に乗りかかつて抑えたところ、女は異様な物音と、のしかかつた男に吃驚して泣声をあげたので、「殺すとか傷けるとかで来たのではない、金一万円

貸してくれ」と言つたことが認められるから、被告人の所為を以つて被害者の反抗を抑圧するにたる暴行脅迫ということができる。しかして……の証拠によれば、所論被告人に強盗の犯意があつたこと、被告人は故意に蒲団の上から被害者を抑えつけて脅迫したこと、及び被害者が金員を差し出したのは前叙認定の被告人の暴行脅迫に因るものであることが認められるのであつて、結局原判示事実を証明するにたりるから原判決がこれに対し強盗未遂罪を以つて問擬したのは正当である」（仙台高判昭二八・六・八高裁刑特報三五・三三）。

そして、また、夜間人通りのない道路上で殴打し頸部を扼する行為を取り扱つたものとして、

【147】「原判決挙示の各証拠をそう合するときは、本件犯罪は、原判決も認めているように、犯行当時における被告人の同行者両名は直接にこれに関係せず、被告人のみの単独犯行と認められ、且つ、金員奪取の手段としての暴行脅迫の行為も、原判示の日時場所において、被告人が被害者根上清に対し、同人を自動車の運転台より引きずりおろし、その右顔面を一回殴打した上、同人の頸部を強く扼しながら「ギヴミーマネー」と申し向けただけであると認められることは所論のとおりであつて所論指摘の他の事例にみられるような匕首・拳銃等の兇器を携帯して、或はこれを被害者に示し、或はこれをもつて被害者を殺傷し、或はこれをもつて被害者の生命身体等に危害を加うべき言動に出る等の暴行脅迫と比較してその程度が軽るいと認められることは勿論であるけれども、原判決挙示の証拠によるときは、本件は、原判決も判示しているように、時は午後十時四十分ごろの夜間であり、場所は人家及び人通りのない淋しい道路上であつて、被告人側にはたとえ直接犯行に加わらなくとも、同行者たる二名の米兵が控えているのに、ただ一人の被害者を自動車運転台より引ずりおろした上、前示のような行動に出たものであることが認められるのであるから、かくの如きは正に、社会通念上一般に被害者の反抗を抑圧するに足る程度の暴行脅迫であると認めるのが相当であるというべく、従つて、原判決が被告人に対し、恐喝の事実を認定しないで、強盗の事実を認定したことは当然である」（東京高判昭二九・一〇・七東京高時報五・九・刑三八二）。

がある。いずれも、相手方の反抗を抑圧する程度のものと、客観的に、しかも、具体的事情を考慮に入れて、判断されたものである。

更に、事後強盗罪に関して、

まず、第二三八条の暴行は、被害者の反抗を抑圧する行為をいう、必ずしも傷害を生ぜしめるに足りる行為であることを要しない旨判示した、

【148】「刑法第二百三十八条ノ罪ノ成立ニ必要ナル手段トシテノ暴行ハ所論ノ如ク被害者ノ反抗ヲ抑圧スヘキ行為ヲ云フモノナルモ所論ノ如ク必スシモ傷害ヲ生セシムルニ足ル行為タルコトヲ要スルモノニハ非ス然レハ被告人カ原判示ノ如ク坂本致由方ニ於テ窃盗ヲ為シタル後逃走ニ際シ同人ノ為捕ヘラレントスルヤ其ノ逮捕ヲ免ルル為同人ノ右前膊部ニ噛付キタルカ如キハ是レ即チ叙上ノ暴行ニ該当シ右刑法第二百三十八条ノ罪ヲ構成スルコト勿論ナリ」（大判昭八・七・一八刑集一二・一三四八）。

とするものがある。噛付くこと自体は相手方の反抗を抑圧するものといえるかどうか疑問であるが、四囲の事情を考慮して爾く判断されたものと思われる。されば、次に、

【149】「刑法第二百三十八条ニ所謂暴行ハ相手方ノ反抗ヲ抑圧スヘキ程度ノモノタルヲ要スルコト本院判例ノ示ストコロニシテ而シテ其ノ果シテ反抗ヲ抑圧スヘキ程度ノモノナリヤ否ヤハ之ヲ抽象的ニ決スヘキニアラスシテ逮捕セラレントスル具体的状況ニ徴シ果シテ当該逮捕ノ攻撃力ヲ抑圧スルニ足ル程度ノモノナリヤ否ニヨリテ決スヘキモノトス蓋シ若シ然ラストセンカ逮捕ニ当リ衝動的ニ聊カノ抵抗ヲ試ミタル窃盗犯人カ直ニ強盗ヲ以テ論セラレ重キ刑罰ヲ以テ滋マルル苛酷ナル結果ニ至ルノミナラス刑法第二編第六章及第七章ニ通スル法意ヨリシテモ之ヲ是認シ得ヘキトコロナレハナリ」（大判昭一九・二・八刑集二三・一）。

と判示するものもあり（同趣旨、広島高判昭二六・一一・一三高裁刑特報二〇・一）、このほか、物干竿を投げつける等の行為は暴行脅迫になるとするものもある。事案は、

『被告人は捕まつては大変と思い、物干場にあつた長さ一間半、太さ一寸八分の物干竿を追跡者めがけて投げつけ、それが当らなかつたので更に長さ一間半、太さ一寸七分の物干竿をとつて槍を構えるようにして相手を突こうとしたので、相手がひるんだ隙に、物干竿をすてて逃亡した』というのであつたが、これが事後強盗として論ぜられている（仙台高判昭三〇・一二・八高裁刑特報二・二四・一二六九）。

その他、逮捕のための拘制の排除を本条の暴行とする、

【150】「刑法第二三八条にいわゆる準強盗罪（または事後強盗罪）の構成要件たる「暴行」とは、同法第二三六条における「暴行」の意義との均衡上相手方の抗争を抑圧する程度のものたることを要するは所論のとおりである。然し、その「抑圧」とは右第二三六条の場合には財物奪取を防禦するために消極的になされる反抗を圧伏することを意味するに反し、第二三八条の逮捕関係の場合には窃盗犯人を逮捕せんとして積極的に加えられる拘制を排除することを指称し従つて、前者においては財物奪取の目的に発するものであるのに後者においては犯人自身の庇護を目的とするものであるから、斉しく抑圧というも各目的および方向上に彼此相違がある。而して、その暴行が当該逮捕のための拘制を抑圧する程度のものなりや否やは具体的各場合の実状に照らして客観的に判断せらるべき事柄であり、その暴行を受けた者の被害に関する意識状態の如きは斯る判断の一基準たり得るに過ぎない。これを本件について観るに、原判示によれば被告人は同判示米穀を窃取した後その被害者たる国井カネおよび同人の女子たる国井イチほか一名に発見され腕等を摑んで逮捕されんとするや、その逮捕を免れるため右チイの両腕に嚙みつく等の暴行を加えることにより同女等を振りはなして逃走したのである。而して、その嚙みつかれた当時右チイ自身は既にそのことを直感したが、それでも、なお被告人にしが

みついていたのに、被告人の方で暴れて同女等の押えている手を振りほどして逃げ去つたものなることは原判決引用にかかる国井チイの検察官に対する供述調書その他の証拠によつて明らかである。これは前記の如く右チイ等が逮捕せんとして被告人に加えた拘制を被告人が暴行によつて排除し遂げたものであり、これにより刑法第二三八条所定の準強盗罪の成立ありと認めるに十分である」（東京高判昭三一・三・二〇高裁刑特報三・六・二六八）。

旨の判決がある。

以上は、すべて、本罪にいう暴行は、最も狭義の暴行概念として、直接、人に加えられたもので、しかも、相手方の反抗を抑圧するという強度のものでなければならない旨を論じたものである。

二　暴行罪に於ける暴行の意義及びその事例

前述したように、暴行罪にいう暴行は、人の身体に対し直接加えられるもので、物に対する場合を含まない種類のものであるが、この点を明かにし、ここにいう暴行が人の身体に対する不法な一切の攻撃方法を包含するものであつて、その暴行が性質上傷害の結果を惹起すべきものである必要のない旨判示したものとして、次の判決がある。すなわち、事実は、

「意思相通シ数十名ノ争議団員ノ先頭ニ立チテ忽チ同駅電車乗場ニ殺到シ相共ニ背後多衆ノ威力ヲ示シ恰モ矢板方面行電車ニ乗込マント為シ居タル前記川口保治ノ身辺ニ迫リ……同人ノ被服ヲ摑ミテ引張リ或ハ之ヲ取囲ミテ其ノ電車ニ搭乗スルヲ妨クル等暴行ヲ加ヘ」

ということにあり、また、上告論旨は、

「抑モ暴行トハ人ノ身体ニ対シ不法ニ攻撃ヲ加フルノ義ニシテ行為ノ対象ハ人ノ身体ナラサルヘカラス被服ノ一部ニ対スル不法ノ攻撃ハ之ヲ破損シタルコトニヨリ器物毀棄罪ノ成立アルモ暴行罪ヲ構成スルモノニ非ス

例ヘハ掏摸ノ人ノ袂ヲ切リ裂ク行為又ハ変態性慾者ノ婦人ノ衣服ヲ破リ又ハ汚損スル行為ノ如キ当然刑法第二百六十一条ニ問擬セラルヘキヤ疑ナシサレトソノ程度ニ達セサル人ノ被服ヲ引張リタルニ止ル行為ハ器物毀棄ノ未遂トモ謂フヘク処罰セラルヘキモノニアラス更ニ況ンヤ人ヲ取囲ミ電車ノ乗車ヲ妨クル行為カ当然暴行ト論スヘカラサルヤ疑ヲ容レス然リ而シテ刑法第二百八条ニ付按スルニ同条ハ「暴行ヲ加ヘタル者人ヲ傷害スルニ至ラサルトキ」ト規定シ人ノ身体ニ対スル不法ノ攻撃タル暴行カ傷害トイフ物理的生理的結果ヲ惹起スル同性質ノモノナラサルヘカラス暴行カ性質上傷害ニ達スヘキ性質ノモノニ非ス全然異質的ノ場合ニハ同条ヲ適用スヘカラサルモノト信ス此見地ヨリスルモ前記ノ行為ニ付之ヲ刑法第二百八条第一項ノ暴行ナリトシテ同法ヲ適用シタルハ擬律ヲ誤リタルモノト思料ス」

と主張したのであったが、大審院は、

【151】「刑法第二百八条第一項ニ所謂暴行トハ人ノ身体ニ対スル不法ナル一切ノ攻撃方法ヲ包含シ其ノ暴行カ性質上傷害ノ結果ヲ惹起スヘキモノナルコトヲ要スルモノニ非ス而シテ人カ電車ニ搭乗セントスルニ当リ不法ニモ其ノ被服ヲ掴ミテ引張リ或ハ之ヲ取囲ミテ身体ノ自由ヲ拘束シ其ノ電車ニ搭乗スルヲ妨クルカ如キハ人ノ身体ニ対スル不法ナル攻撃ニ外ナラサルヲ以テ原判決カ所論原判示被告人真吾等ノ行為ヲ刑法第二百八条第一項ノ暴行ニ該当スルモノトシ処断シタルハ正当ニシテ擬律ヲ誤リタルモノニ非ス」（大判昭八・四・一五刑集一二・五・四三二）。

として、これを棄却したのであった。

されば、右の趣旨を踏襲して判例は、以下の事案につき暴行罪の成立をみとめている。

そのまえに、まず、旧刑法時代のものを二つあげておこう。すなわち、

【152】「打撃押伏セ攫圧ノ所為共ニ刑法ニ謂フ所ノ殴打ニ外ナラス」（大判明三〇・二・一八刑録三・二・六九）。

と判示したもの、及び、

【153】「帳簿ヲ取回サンカ為メ人ニ組付キタル所為ハ人の身体ニ対シ暴行ヲ加ヘタルモノニシテ刑法ニ所謂殴打ノ所為ナリトス」（大判明三五・一二・四刑録八・一一・二五）。

とするものこれである。

さて、現行刑法になつては、最初に毛髪鬚髯の剃去切断に関するものがある。すなわち、

【154】「接スルニ刑法第二百四条ノ傷害罪ハ他人ノ身体ニ対スル暴行ニ因リテ其生活機能ノ毀損即チ健康状態ノ不良変更ヲ惹起スルコトニ因リテ成立スルモノニシテ毛髪鬚髯ノ如キハ毛根ヲ身体ノ内部に寄託シ其外表ニ叢生シ以テ其保護装飾ノ作用ヲ為スカ故ニ身体ノ一部トシテ法ノ保護スル目的タルコトヲ失ハスト雖モ不法ニ之ヲ截断シ若クハ剃去スル行為ハ之ヲ以テ直チニ健康状態ノ不良変更ヲ来シタルモノト謂フヲ得ス従テ刑法第二百四条ヲ以テ処断スヘキ傷害罪ニ該当セス然レトモ右行為カ身体ノ一部ニ対スル不法侵害タル暴行ナルコトハ之ヲ争フノ余地存セス唯傷害ノ結果ヲ生セシメサリシモノナレハ刑法第二百八条ノ暴行罪ヲ以テ之ヲ処罰スルヲ相当トス原判決ノ認定セル事実ハ寔ニ論旨所掲ノ如クニシテ被告ハ不法ニ剃刀ヲ以テ婦女ノ頭髪ヲ切断シタリト云フニ在リテ其結果身体ノ健康状態ニ不良ノ変更ヲ生セシメタル事実ノ判示ナキ以上ハ被告ノ行為ハ人ノ身体ヲ傷害シタルモノニ非ス唯人ノ身体ニ対シテ暴行ヲ為シタルニ過キス故ニ被告ノ行為ハ刑法第二百八条ヲ以テ問擬スヘキモノトス然ルニ原判決ハ前掲判示事実ヲ認メテ刑法第二百四条ヲ適用シ之ヲ処断シタルハ擬律錯誤ノ違法アルモノナリ」（大判明四五・六・二〇刑録一八・八九八）。

とするものこれである。他面この判決は、傷害の意義について、前述第一説（四頁参照）によつたものであるが、従つて、第二説第三説の論者からは批判の余地のあるところのものである（例えば、瀧川幸辰・刑法各論四一頁、木村亀二・刑法各論二四頁）。

次に、手で肩を押し土間に転落させた行為は、暴行罪を構成する、とするものに、

【155】　「刑法第二百八条ニ所謂暴行トハ人ノ身体ニ対シ不法ニ攻撃ヲ加フルノ義ニシテ被告カ水戸惣三郎ト争論シ憤怒ノ末手ヲ以テ同人ノ肩ヲ押シ土間ニ転落セシメタル行為ハ不法ニ他人ノ身体ニ対シ攻撃ヲ加ヘタルモノニ外ナラサレハ原審カ之ヲ同条ニ問擬シタルハ正当ナリ」（大判大一一・一・二四新聞一九五八・二二　評論一一刑法九）。

があり、

また、みだりに他人の手をつかんで引張るような行為は、本条にいう暴行にあたる、とするものに、

【156】　「被告人ハ木下某ニ同行ヲ求メ同人ノ之ヲ肯セサルニ拘ラス其ノ左手ヲ掴ミテ引張リタル事実ヲ認定シタルモノニシテ……右ノ如ク濫リニ他人ノ手ヲ掴ミテ引張ルカ如キ行為ハ刑法第二百八条第一項ニ所謂暴行ニ該当シ同条ノ犯罪ヲ構成スルコト勿論ナリ」（大判昭七・四・一五・法学一一・二四一）。

とするものがある。

次に、本条にいう暴行とは、人の身辺に不法な物理的勢力を発揮することをいい、その物理的力が人の身体に接触することを必要としない旨判示するものとして、

【157】　「論旨は被告人長谷川の投石は被害者高沢にこれを的中させる目的でなく同人を驚かしてやる目的で同人の五、六歩手前を狙つて投石した石が高沢に当るかも知れないという程度の認識はあつたとしてもそれを否定する認識の方が相当強く働いて居ると見るべきであり認識ある過失と見るのが相当であるといい暴行の事実を否定するのであるが、暴行とは人に向つて不法なる物理的勢力を発揮することで、その物理的力が人の身体に接触することは必要でない。例えば人に向つて石を投じ又は棒を打ち下せば仮令石や棒が相手方の身体に触れないでも暴行は成立する。群衆の中に棒を揮つて飛込み暴れ廻われば人や物に衝らないでも暴行というに十分である。して見ると右暴行の結果石や棒が人の身体に衝りこれに傷を負わせることは暴行の観念から離れ

傷害の観念に移行包摂せられるものというべきである。記録によると被告人等は同僚で仲良しである被害者高沢賢太郎を驚かす目的で悪戯けて夜間同人に向うてその数歩手前を狙うて四五十米手前から投石したことが認められるが石は投げた所に止るものでなくはねて更に同方向に飛ぶ性質のものであるから数歩手前を狙つて投げても尚高沢に向つて投石したといい得るし投石の動機がいたずらであつても又その目的が同人を驚かすことにあつても投石行為を適法ならしめるものでないから右被告人等の投石行為は高沢に向つて不法の物理的勢力を発揮したもの即ち暴行を為したものといい得る」（東京高判昭二五・六・一〇高裁刑集三・二・二二三）。

とするものがある。この投げた石が命中することを要するか否かにつき、一般には、その必要なしとされているのであるが（例えば、瀧川幸辰・刑法各論四〇頁、木村亀二・刑法各論二一頁）、これに対しては、例えば、宮本博士の次の様な反論がある。すなわち、『例へば投げた石が相手方に中らなくとも、中てる積りで投げた以上は暴行を加へたものであるといふ説があるが、暴行傷害に関する刑法の規定は一般に結果を重視する客観主義的なものだと解する通説の立場からいへば、斯かる解釈は無理であらう。しかし、暴行を加へるといふのは必ずしも有形力が身体その者に直接に作用することを必要としない。投げた石が帽子に中つても暴行を加へたのである』と（宮本英脩・刑法大綱二八四頁）。

さらに、刑法第二〇八条にいわゆる暴行とは、人の身体に対し不法な攻撃を加えることをいい、加害者が、室内において相手方の身辺で大太鼓、鉦等を連打し、同人等をして頭脳の感覚が鈍り意識もうろうたる気分を与え、または脳貧血を起させたりする程度に達せしめた場合をも包含するものと解すべきである旨判示したものとして、次のものがある。

【158】「刑法第二〇八条にいう暴行とは人の身体に対し不法な攻撃を加えることをいうのである。従つて第

一審判決判示の如く被告人等が共同して判示部課長等に対しその身辺近くにおいてブラスバンド用の大太鼓、鉦等を連打し同人等をして頭脳の感覚鈍り意識朦朧たる気分を与え又は脳貧血を起さしめ息詰る如き程度に達せしめたときは人の身体に対し不法な攻撃を加えたものであつて暴行と解すべきである」（最判昭二九・八・二〇刑集八・八・一二七八）。

労働争議における戦術として如何なる程度のものが適法視されるか、困難な問題であるが、もし一歩進んで、傷害を認めるには、どの程度に達することを要するか、興味あるところである。同じく、労働争議中の暴行に関するものとしては、最近に、

【159】「被告人らが株式会社甲と争議中組合員数十名とともにスクラムを組んで非組合員たる同会社女子従業員五名を取り囲み、労働歌を高唱し、ワッショ、ワッショと掛声をかけて気勢をあげながら、約二〇分間にわたり、押す、体当りをするなどの行動を続けたときは、右の行為は刑法二〇八条の暴行罪にあたる」

「被告人らの右のような所為は憲法二八条の保障する勤労者の団体行動権の行使にあたるものとはいえない」（最判昭三三・四・二五ジュリスト一三三・七七）。

とするものがあることを注意しておこう。

このほか、暴行として認められたものに前出傷害罪のところで引用した大審院大正一五年七月二〇日判決があり（前出参照【23】）、学説上は、毒物、麻酔薬を与えること、たんつばを吐きかけること、恐れさすこと、驚かすこと、昂奮させること、くすぐること、かゆがらすこと、婦人の乳房をつかむこと、催眠術を行うことなどがあげられているが（例えば・瀧川幸辰・刑法各論四木〇頁、村亀二・刑法各論二三・二八頁参照）、催眠術を施したり、麻酔剤を用いることが暴行となるや否やは問題とされている。旧刑法にあつては、殴打創傷の罪の章の中に第三〇七条として健康を害すべき物品を使用した場合につき殴打創傷の例に照らして処断すべ

きことを規定していたから、改正刑法仮案においては、その第七条第三項において薬物催眠術を施用するが如き場合が暴行に当る旨を規定しているが、しかし、なお、旧刑法第三〇八条に掲げてあるような詐欺誘導して危害に陥れよつて疾病死傷に致した場合に、やはり、暴行を加えたということを得るや否やと共に研究されなければならない（草野豹一郎・刑法要論三〇〇頁参照）。

また、とくに、催眠術の施用については、それが無形的方法なりや、有形的方法なりやが学説上争われているとともに無形的方法と認むべき場合が考えられるか否かも議論されているところである。催眠術については、大場博士は、無形的方法による暴行と解されるが（大場茂馬・刑法各論上巻一八五頁）、牧野博士は、『催眠術ニ因ル暗示関係ハ心理的ナルモノナル意味ニ於テ無形的方法ト謂フコトヲ得ヘシ。然レトモ、其ノ暗示ニ因ル行動ハ一般ノ意味ニ於ケル自由意思ニ因ルモノニ非サルカ故ニ、其ノ必然的行動ナルノ意味ニ於テ、之ヲ寧ロ有形的方法ニ因ルモノト解スヘシ』とされ（牧野英一・重訂日本刑法下巻二八一頁、同説、木村亀二・刑法各論二頁）、また、無形的方法の暴行の考え得るやにつき、同じく、大場博士は、不意に大声を発して人の面前に現れ出て人を失神せしむるような場合を挙げられるが（大場茂馬・刑法各論上巻一八五頁）、これも、牧野博士は、『然レトモ、斯ノ如キハ寧ロ有形的方法ニ依ルモノト理解スヘキニ非サルカ。而シテ、其ノ失神ノ結果ノ如キハ之ヲ傷害トシテ考フヘキナルヘシ』とされている（牧野英一・重訂日本刑法下巻二八一頁）。

蓋し、無形的方法を精神的方法の意味に解するならばとにかく、絶対に有形力の行使によらざる場合と解することは困難であろう。

そのほか、暴行罪になるものとしては、逮捕監禁罪に関し、一瞬時の拘束は逮捕監禁罪にならず暴行罪になるとするものに、大審院昭和七年二月二九日判決(刑集二一・一四一)があり、さらに、強制猥褻罪との関係に於て、指を陰部に挿入する行為を暴行とした、

【160】 「婦人ノ意思ニ反シテ指ヲ陰部ニ挿入スルカ如キハ其自体暴行ニ因リ猥褻行為ヲ為スモノト謂ハサルヘカラス」(大判大七・八・二〇刑録二四・一二〇五)。

とするもの(同趣旨大判大一四・一二・一〇刑集四・七四三)、同じく、肩を抱き手を陰部に触れる行為を暴行とする、

【161】 「刑法第百七十六条前段ニ所謂暴行トハ正当ノ理由ナク他人ノ意思ニ反シテ其ノ身体髪膚ニ力ヲ加フルノ謂ニシテ固ヨリ其ノ力ノ大小強弱ヲ問フコトヲ要スルモノニ非ス従テ他人ノ家宅ニ侵入シ臥床ニ寝ネタル婦女ノ身体ヲ抱擁スルカ如キハ強大ノ力ヲ用キルト否トニ拘ラス其ノ暴行タルコトヲ失フモノニ非ス故ニ原判示ノ如ク被告カ深夜故ナク等等力某方ニ侵入シ同人ノ妻某ノ寝室ニ到リ臥床ニ横ハリ居タル同人ノ肩ヲ抱キ左手ヲ其ノ陰部ニ触レタリト云フノ行為ハ即チ暴行ヲ以テ猥褻ノ行為ヲ為シタルモノト謂フコトヲ妨クルモノニ非サレハ原審カ之ヲ右法条ノ猥褻罪ニ問擬シタルハ固ヨリ其ノ所ニシテ違法ニ非ス論旨ハ理由ナシ」(大判大一三・一〇・二二刑集三・七五一)。

とするものがあり、また、『公道を往来する婦女子に対し、両肩又は着用のマントを押え、抱き付き又は抱き締め若くは股間に強いて手を挿入するような被害者の身体に暴力を加えてその抗拒を抑制する行為は、本条の暴行である』(大判昭八・九・一一新聞三六一五・一一評論二二刑法三一九)、とするもの等がある。いずれも、内容としては暴行罪にいう暴行が加えられた場合であること勿論である。

三　違法性関係

まず、精神病者の看護者が、病気治療の目的から、精神病者に対する暴行の承諾を与えても、該暴

行の違法性は阻却されるものでないとする、

【162】「精神病者ノ手足ヲ制縛シテ其ノ身体各所ヲ乱打スルカ如キハ医学上同病ノ適切ナル治療方法ニ非サルコト明ナルヲ以テ精神病者ニ対シ斯ル暴挙ニ出ツルハ縦令迷信ニ依リ同病治療ノ希望ニ出テタリトスルモ其レ自体公序良俗ニ反スルモノト解スルヲ妥当トス従テ姜基磐、金基祿等ハ精神病者姜愛真ノ親トシテ同女ヲ看護スヘキ正当ノ地位ニアルモノトスルモ被告人等カ姜愛真ノ精神病ヲ治療スル目的ヲ以テ紐ニテ同女ノ手足ヲ制縛シ其ノ身体各個所ヲ棒ニテ乱打スルニ際リ同人等ノ被告人等ニ与ヘシ承諾ハ該暴行ノ違法性ヲ阻却スヘキモノニ非サルヤ言ヲ俟タサルノミナラス被告人等ハ縦シ同暴行ハ精神病ノ治療トシテ時ニ或ハ効果アルヘキヲ信シ患者又ハ看護人ノ依嘱ニ応シテ患者ニ暴行スルハ違法ニ非スト誤想シタリトスルモ丹ハ自己ノ行為ノ法律上ノ価値判断ヲ謬リテ罪トナルヘキモノニ非スト思惟シタルニ外ナラサレハ斯ノ如キハ刑法第三十八条第三項ニ所謂法律ヲ知ラサルモノニ該当スルヲ以テ罪ヲ犯ス意ナシト云フヲ得サルモノナリ」（朝鮮高判昭一〇・六・六評論二四刑法一七〇、司協一四・七・一七三）。

とするものがある。判旨にも述べられている通り、かかる事案が違法性を阻却するものなりや否やは、一つに健全なる社会通念によるほかないこと、傷害罪についてと同様であろう。次に、懲戒に関係するものとして、以下の二件がある。すなわち、その一は、懲戒権の濫用と暴行に関するもので、

【163】「凡そ親権を行うものはその必要な範囲内で自らその子を懲戒することができるし、懲戒のためには、それが適宜な手段である場合には打擲することも是認さるべきであるけれども、それにはおのずから一般社会観念上の制約もあり、殊にそれが子の監護教育に必要な範囲内でなければならない。故にもし親権者がその限界を越えていたずらに子を厄介視し或はその時のわがまま気分から度を越えて子を殴打する等の残酷な行為をした場合は、それは親権の濫用であつて親権喪失の事由たるばかりでなく、その暴行は暴行罪として、刑

事上の責任を負わなければならない。原審で取調べた証拠によると、被告人はその貰い子（未だ入籍していない養子）である満二歳余になる病弱児定男に対し平素充分な栄養を摂らせなかつたし、定男は未だ歩行も出来ない状態でありながら飢えていると熱汁にも手を差しのべることさえあつた事実が現わされており、このような状態にある子に、しつけのためとか、矯正のためとかで打擲を加えることの、一般社会観念の許さない、殊に監護教育に必要な範囲を越脱した残酷な行為であることは明かである。されば被告人の判示暴行の行為は親の子に対する懲戒行為として違法を阻却すべきものでないことは勿論のことで、原判決が暴行罪としてこれを処断したのは正当である」（札幌高函館支判昭二八・二・一八刑集六・一・一三〇）。

と判示するものであり、その二は、学校教員の生徒に対する殴打事件に関して、

【164】「被告人両名がそれぞれ原判示のとおり古屋敷正行の頭部を手で殴打したことは原判決挙示の証拠によつて優に認定するに足り、原審の取調にかかる他の証拠によつても、所論のように形式的に軽くノックしたに止まるという程度のものであつたとはとうてい認められないのである。もつとも、右殴打は、これによつて傷害の結果を生ぜしめるような意思を以てなされたものではなく、またそのような強度のものではなかつたことは推察できるけれども、しかしそれがために右殴打行為が刑法第二〇八条にいわゆる暴行に該当しないとする理由にはならない。つぎに所論は、右は教員たる各被告人が学校教育上の必要に基づいて生徒に対してした懲戒行為であるから、刑法の右法条を適用すべきではないと主張するけれども、学校教育法第一一条は「校長及び教員は教育上必要があると認めるときは、監督官庁の定めるところにより学生、生徒及び児童に懲戒を加えることができる。但し、体罰を加えることはできない。」と規定しており、これを、基本的人権尊重を基調とし暴行を否定する日本国憲法の趣旨及び右趣旨に則り刑法暴行罪の規定を特に改めて刑を加重すると共にこれを非親告罪として被害者の私的処分に任さないものとしたことなどに鑑みるときは、殴打のような暴行行為は、たとえ教育上必要があるとする懲戒行為としてでも、その理由によつて犯罪の成立上違法性を阻却せしめるという

ような法意であるとは、とうてい解されないのである。学校教育法が、同法第一一条違反行為に対して直接罰則を規定していないこと及び右違反者に対して監督権の発動その他の行政上の措置をとり得ることは所論のとおりであるけれども、このこととその違反行為が他面において刑罰法規に触れることとは互に相排斥するものではない。そして、殴打の動機が子女に対する愛情に基づくとか、またそれが全国的に現に広く行われている一例にすぎないとかいうことはとうてい右の解釈を左右するに足る実質的理由とはならない」（大阪高判昭三〇・五・一六シュリスト八六・九一）。

と判示するものである。これらの判決も、原則として、違法性は客観的に確定さるべきものであるから、理論的には妥当なものということができよう。

さらに、正当防衛に関しては、まず、

【165】「二人共同シ争闘ニ因リ相手方ニ暴行ヲ加フルニ当リ共同者ノ一人カ危険ニ瀕シタリトスルモ之レカ為相手方ニ対スル其ノ後ノ加害行為カ直ニ正当防衛ト為ルモノニ非ス」（大判大一四・六・三刑集四・三五五）。

とするものがあり、次に、同じく、

【166】「一、酒気ニ乗シ粗暴ナル振舞ニ出テタル者ヲ制止セントシタルニ其ノ者カ却テ組付キ来レル場合ニ之ヲ排除スルカ為陶器製片口ヲ以テ其ノ者ノ顔面ヲ殴打シタル行為ハ急迫不正ノ侵害ニ対シ自已ヲ防衛スル為ニ為サレタルモノナルモ已ムコトヲ得サルニ出テタルモノト謂フヲ得ス二、酔漢カ殴打ヲ受ケタル後益酒気ニ乗シ「親父外ヘ出ロ」ト怒号シ袖ヲ引キタルニ対シ之ヲ排除スル為燭台ヲ振ツテ其ノ者ノ頭部ヲ殴打シタル行為ハ急迫不正ノ侵害ニ対シ自己ヲ防衛スル為ニ為サレタルモノナルモ已ムコトヲ得サルニ出テタルモノト謂フヲ得ス」（大判昭七・一二・八刑集一一・一八〇五）。

と判示するものがある。

次に、労働争議に関するものとして、

【167】「所論の労働組合法第一条第二項においても労働組合の団体交渉その他の行為について無条件に刑法第三五条の適用があることを規定しているのではないのであつて、唯、労働組合法制定の目的達成のために、すなわち、団結権の保障及び団体交渉権の保護助成によつて労働者の地位の向上を図り経済の興隆に寄与せんがために、為した正当な行為についてのみこれが適用を認めているに過ぎないのである。従つて勤労者の団体交渉においても、刑法所定の暴行罪又は脅迫罪に該当する行為が行われた場合、常に必ず同法第三五条の適用があり、かかる行為のすべてが正当化せられるものと解することはできないのである」（最判昭二四・五・一八刑集三・六・七七四）。

とするもの、及び、

【168】「そして旧労働組合法一条二項の規定は勤労者の団体交渉においても刑法所定の暴行罪又は脅迫罪にあたる行為が行われた場合にまでその適用があることを定めたものでないことは既に当裁判所大法廷の判例とするところである」（最判昭二五・七・六刑集四・七・一一八九）。

と判示するものがある。労働争議も暴行等が伴わない場合、一般に、適法とされるが、暴行等が行われる限り、目的の正当性は手段を正当化せず、犯罪になるとの趣旨を示したものと解される。

また、稍、異例なものとして、暴行が正当防衛と認められた事例がある。すなわち、

【169】「他人において住居の平穏を故なく侵害し、実力をもつて退去させる以外に退去の期待がもてないような場合における退去させる目的をもつてする暴行はそれがやむを得ないものと認められるかぎり、刑法第三六条第一項にいわゆる正当防衛として、暴行罪の違法性を阻却するものと解するのが正当である。ところで、原審における訴訟記録及び当審における事実取調の結果によると、居留民団系(民団系)の白南珣は、思想的に対立する旧朝鮮人連盟系（朝連系）の者から攻撃的内容のビラを多数まかれたことに憤慨し、その出所を確め

るために、朝連系有力者である叔父の被告人方に赴いたところ、たまたま昭和二七年一月一日のこととて、被告人において権寿鶴外数名と正月酒を飲んでいるところであり、白南珣の質問について関知しない旨答えたのに対し、ごうをにやし「毋国朝鮮が戦乱の渦中にあるのに朝連系の権寿鶴等に酒を飲ますとは何事か」など当り散らし酒宴を妨害しはじめたので、被告人の子白周欽がこれを見かねて戸外に引きずり出すや、白南珣は再び屋内に入りこみ、白周欽の所為について被告人に因縁をつけはじめ穏便に退去しそうにもない形勢になったので、被告人においてこれを退去させるため、まだごたごたいうているかといってそのオーバーの襟首をつかんで屋外道路まで引き出した事実が認められる。このように暴言をもって酒宴を妨害し一たん退去させられたにかかわらずさらに屋内に入りこんで穏便に退去しようとしないという一連のしつこい行動は、とうてい正当な理由があるものとはいい難いだけではなく、住居の平穏を害すること、もちろんであって、この不退去を除去するための被告人の右程度の暴行は、やむを得ないものと認むべきであるから、冒頭説明の理により正当防衛としてその違法性は阻却されるものと解するのが相当である」（大阪高判昭二九・四・二〇高裁刑集七・三・四二三）とするもの、これである。この種事案は、従来、自救行為論で解決されたものであるが、不作為の侵害に対しても正当防衛の成立を認めることは、不作為のものといえども侵害は侵害であるから、正当であり、この点で、この判決は特色を有するものといえよう。

四　責任性関係

責任性関係については、まず、暴行しても違法でないとの誤想が故意を阻却しない事例として、暴行が精神病の治療として効果があるものと信じ、患者または看護人の依嘱に応じて暴行することは違法でないと誤想しても、それは自己の行為の法律上の価値判断を誤ってそのように思惟したのであって、故意がないとはいえない旨判示した、前出【162】の判決があるほか、

方法の錯誤は故意不阻却とする、

【170】「いやしくも人を殴打する意志をもつて人を殴打した以上暴行罪は直ちに成立しその殴打された者が殴打せんとした者と異つても暴行罪の成立に必要な故意に影響するものではない。されば被告人が石崎長次郎を殴打せんとして、これを制止せんとした同人の内妻「関のい」を殴打した以上、同女に対する暴行の故意がないものとはいえない。それ故、原判決が被告人の関のいに対する犯行をもつて、刑法第二〇四条に問擬したのは正当である」（最判昭二四・六・一六刑集三・七・一〇七七体系刑法各則Ⅲ二二六参照）。

とするものがある。これらの問題については、傷害罪のところで述べたように、学説上、故意の阻却を認めないこと一般であるから、とくに説明を要しまい。

五　他罪との関係

まず、公務執行妨害罪との関係につき、

【171】「公務員ノ職務ヲ執行スルニ当リ之ニ対シ暴行ヲ加ヘタル行為ハ単純ナル右第九十五条第一項ノ罪ヲ構成スルニ止マリ同項及右第二百八条第一項ノ両法条ニ触ルルモノニ非サルコト明カニシテ従テ公務員ノ職務ヲ執行セントスルニ当リ二人以上共同シテ之ニ対シ暴行ヲ加ヘタル場合ニ於テモ亦単純ナル右第九十五条第一項ノ罪ヲ構成スルニ止マリ同項及前示暴力行為等処罰ニ関スル法律第一条第一項ノ両法条ニ触ルルモノト為スヲ得サルヤ多言ヲ俟タサル所トス」（大判昭二・二・一七評論一六刑法二八）。

と判示するものがある。公務執行妨害罪にいう暴行が、暴行罪にいう暴行よりも広義のものであるに照らしても、判旨の正当なるが知られよう。

次に暴行脅迫が不法監禁中になされたものであつても、不法監禁の状態を維持存続させるため、その手段としてなされたものでなく、全く別個の動機、原因からなされたものであるときは、右暴行脅迫の行為は、不法監禁罪に吸収されることなく、別罪を構成する旨判示するものとして、

【172】「被告人等の所論暴行脅迫の行為は偶々尹民孫の監禁中又は尹民孫及び張海竜の監禁中に行われたものではあるけれども、右各行為は、尹民孫、張海竜等の逃亡を防ぐ手段としてなされた如き不法監禁の状態を維持存続させるために行われたものではないのであつて、右両名の被告人等に対してなした詐欺的欺瞞的言動に憤激の余り、行われたものであることが認められるから、たとい、被告人等の暴行脅迫の行為が不法監禁の機会になされたからといつて、所論の如く、不法監禁のため、その手段としてなされたものということはできない。論旨摘録の大審院判例は、不法監禁自体の手段としてなされた脅迫は不法監禁罪に包摂せられ、別に脅迫罪を構成しないという趣旨の判例であるから、本件に適切でなく、従つて、本件第一審判決並びに之を支持した原判決には、所論の如き判例違反の点は存しない」（最判昭二八・一一・二七 刑集七・一一・二三四九）。

とするものがある。事案の如き事実ならば、判旨正当といえよう。

さらに、脅迫罪との関係については、まず、

【173】「被告ハ佐竹豊治ニ対シ板片ヲ以テ其頭部ヲ殴打シタルモノニシテ此行為ニ依リ玆ニ暴行罪成立シ然ル後又撃殺スト云ヒピストルヲ差向ケ脅迫シタルヲ以テ此行為ニ因リ更ラニ脅迫罪ノ成立ヲ見ルニ至リタルモノナレハ原審カ之ヲ暴行ト脅迫トノ二罪ニ問擬シタルハ正当ナリ」（大判明四四・一一・一三 刑録一七・一八八一）。

とするもの、次に、生命に対する危害告知とこれに続く暴行とは別罪とするものに、

【174】「被告人ハ寺井宗太郎ニ対シ其ノ生命ニ危害ヲ加フヘキコトヲ告知シテ脅迫シナカラ殺意アルニ非スシテ同人ノ身体ニ暴行ヲ加ヘ傷害スルニ至ラサリシモノトス案スルニ殺人行為ヲ為スニ当リテ殺害ノ旨ヲ言明シ暴行ヲ為スニ当リテ其ノ旨ヲ告クルカ如キ其ノ侵害セントスル法益ニ害ヲ加フヘキコトノ告知ハ縦令其レ自

体ヲ分離シテ観察スレハ脅迫罪ノ実質ヲ具フル場合ト雖当該犯罪行為ヲ為サントスル際ニ行ハレ且進ンテ之ヲ実行シタルモノナルトキハ脅迫行為ハ該実行ニ依ル犯罪中ニ吸収セラレ別ニ脅迫罪ノ成立ヲ認ムヘキニ非ス然レトモ告知シタル害悪ト現実ニ加ヘタル害悪ト全ク相異ル場合ニ於テハ該告知ニシテ脅迫罪ノ実質ヲ具備スル以上ハ之ヲ脅迫罪ニ問擬スヘク実行ニ依ル犯罪中ニ包括セラレタルモノト為スコトヲ得サルモノトス蓋シ脅迫ノ行為ハ生命身体自由名誉財産ノ権利ハ法律ノ保護ニ依リ安全ニ保持セラルヘシトノ信念ヲ破壊スルモノニシテ脅迫ノ罪ハ即チ此ノ法律的平穏ノ確信ヲ法益ト為スモノナレハ其ノ脅迫ノ内容タル権利侵害カ実現セラレタル場合ハ脅迫行為ハ其ノ侵害ニ依ル犯罪中ニ吸収セラレ其ノ罪ニ包括処罰セラルヘキモノト認ムルヲ相当トスト雖告知ノ内容タル害悪ト現実ニ加ヘタル害悪ト其ノ法益相異ル場合ニ於テハ各々別箇ノ法益侵害ニ因ル犯罪ノ成立ヲ肯定スヘク其ノ一ヲ以テ他ノ一ニ包括セシムヘキモノト為スノ理由アルコトナシ従テ本件ニ於ケル生命ニ危害ヲ加フヘキコトノ告知ハ脅迫罪ニ問擬セサルヘカラサルモノトス」（大判昭六・一二・一〇刑集一〇・七四九）。

とするものがあり、そして、また、

【175】「犯人カ他人ニ対シ暴行ヲ加ヘンコトヲ告知シタル上之ヲ殴打シタル場合ニ於テハ単ニ暴行罪ヲ以テ論スヘキモノニシテ脅迫罪ノ刑責ヲ負ハシムヘキモノニ非ス」（大判大一五・六・一五刑集五・二五三）。

と判示するものがある。また、さらに、

恐喝罪との関係につき恐喝罪に吸収される暴行を取り扱つたものとして、

【176】「暴行行為中、被害者の畏怖に乗じ更に脅迫して財物を喝取した場合は、一個の恐喝罪が成立し、別に暴行罪は成立しない」（大阪高判昭二四・一一・七高裁刑特報六・一二九）。

とするものがある。

いずれも、罪数論での妥当な本質的解答に依存しなければ簡単に論じ得ないものであるが、判旨、概ね、正当といって差支えない。

最後に、『暴力行為等処罰ニ関スル法律』における暴行罪をとり扱つたものを掲げておこう。まず、

【177】 「数人共同シテ暴行ヲ為シタルトキハ団体又ハ多衆ノ威力ヲ藉ラサル場合ト雖仍大正十五年法律第六十号第一条第一項ノ犯罪ヲ構成スルモノトス」(大判昭二・三・二刑集六・六三)。

と判示したものがあるし、また、数人共同で暴行した場合は、『暴力行為等処罰ニ関スル法律』第一条違反の罪を構成し、団体または多衆の背景が、実際的にもまた仮装的にも存在することを要しない旨判示したものとして、

【178】 「暴力行為等処罰に関する法律第一条第一項には、「団体若は多衆の威力を示し、団体若は多衆を仮装して威力を示し又は兇器を示し若は数人共同して刑法第二百八条第一項……の罪を犯したるは云々。」と規定してある。これを文理の上から解釈分類すれば第一の形態は「団体若は多衆の威力を示し」て暴行をした場合であり、第二の形態は「団体若は多衆を仮装して威力を示し」て暴行をした場合であり、第三の形態は「兇器を示し若は数人共同し」て暴行をした場合である。従つて第一及び第二の形態は団体若は多数者を背景とし又はこれらのものを仮装的に背景とした犯罪であるが、第三の形態はそうではなくて暴行の態様が兇器を示すとか、数人共同で為すとかいうことによつて成立する犯罪である。従つて兇器を示して暴行をする場合又は数人共同で暴行をする場合には団体又は多衆の背景というものは実際的にも又は仮装的にも存在することなくして本条の違反罪を構成するものと解すべきものである」(札幌高判昭和二五・六・二四高裁刑集三・二・二三六)。

とするものがあり、さらに、団体の威力を示して暴行したものにあたる事例として、団体の威力を示して交渉したが、相手方が之に応じないで逃げようとしたのをみて、強いて交渉を継続せんがため、

暴力をふるつて相手方を連戻した行為に、団体の威力を示しての暴行罪をみとめた、

【179】「暴力行為等処罰ニ関スル法律第一条第一項ニ所謂団体ノ威力ヲ示シテ刑法第二百八条ノ暴行罪ヲ犯シタルトハ其ノ暴行行為自体カ団体ノ威力ヲ示シテ為サレタル場合ノミナラス団体ノ威力ヲ示シテ或行為ヲ為スニ際シ其ノ行為ヲ遂行スル手段トシテ暴行ノ行ハレタル場合ヲモ指スモノトス本件ニ於テ原判決ハ被告人カ大正十五年八月中日本農民組合山形県連合会ヨリ分裂シテ庄内耕作聯盟ヲ組織シ其ノ常務理事ト為リタルコトヲ叙シ而シテ昭和四年三月十日被告人カ工藤恭三池田平治郎ヲ伴ヒ松坂岩太方ニ赴キ同家茶ノ間ニ連戻シ且足ヲ掛ケテ其ノ場ニ引倒シタリト認定シタルモノニシテ則チ被告人ハ耕作聯盟ナル団体ヲ背景トシ其ノ威力ヲ示シテ岩太ニ対シ交渉ヲ為シタルモ岩太カ之ニ応セス其ノ交渉ヨリ逃避セントシタルヲ見テ強ヒテ右ノ交渉ヲ継続センカ為暴力ヲ以テ岩太ヲ連戻シタルモノニシテ結局被告人ハ団体ノ威力ヲ示シテ為シタル交渉ヲ強ヒテ継続セシムル手段トシテ右暴行ニ及ヒタリト認ムルヲ相当トシ従ツテ叙上ノ理由ニヨリ被告人ノ行為ハ団体ノ威力ヲ示シテ暴行罪ヲ犯シタルモノニ該当シ原判決カ右行為ニ付被告人ヲ暴力行為等処罰ニ関スル法律第一条第一項ノ罪ニ問擬シタルハ正当ナリ」（大判昭七・四・二五刑集一一・五〇〇）。

がある。

最後に、数人共同の暴行に対する適条を示したものとして、

【180】「暴力行為等処罰ニ関スル法律第一条第一項ニハ数人共同シテ暴行罪ヲ犯シタル旨ヲ処罰スル旨規定シアリ其ノ解釈上暴行罪ヲ犯シタル数人間ニ所謂共犯関係ノ存在スルコトヲ要件トシテ特別ニ処罰スルノ法意ナルコト明ナルヲ以テ数人カ共同シテ暴行ヲ実行シタル事実ヲ認定シ同法条ヲ適用スル場合ニハ更ニ刑法第六十条ヲ適用スヘキモノニアラサレハ原判決カ右第二犯罪ニ付前掲処罰ニ関スル法律第一条第一項ヲ適用シ刑法第六十条ヲ適用セサルハ洵ニ相当ナリ」（大判昭四・五・二一刑集八・二三四）。

及び、数人共同して暴行した場合は、『暴力行為等ニ関スル法律』第一条第一項に該当し、刑法第二〇八条、第六〇条を適用すべきでない旨を判示した、

【181】　「暴力行為等処罰に関する法律は刑法の特別法であるから、本法に該当する場合には刑法の適用はないと解するのは当然のことである」（前出、札幌高判昭二五・六・二四【178】）。

がある。

これら一連の判決に於ける暴行概念は、刑法の暴行罪に於ける暴行と全く同義であるから、この点、問題はないが、それが共同の形式で犯された時に特別法たる暴力行為等処罰に関する法律により重く処罰される理由につき、共犯理論に於ける共同意思主体説が省りみられなければならない。

最高裁判所判例

朝鮮高等法院判例

高等裁判所判例

判 例 索 引

大審院判例

著者紹介

下《しも》村《むら》康《やす》正《まさ》　中央大学助教授

総合判例研究叢書　刑　法（7）

昭和32年10月25日　初版第1刷印刷
昭和32年10月30日　初版第1刷発行

著作者　下村康正

発行者　江草四郎

印刷者　小笠原秀雄

東京都千代田区神田神保町2ノ17
発行所　株式会社　有斐閣
電話九段 (33) 0323・0344
振替口座 東京 370番

印刷・秀好堂印刷所　製本・稲村製本所

落丁・乱丁本はお取替いたします。

総合判例研究叢書 刑法(7)
(オンデマンド版)

2013年2月1日　発行

著　者　下村　康正
発行者　江草　貞治
発行所　株式会社 有斐閣
〒101-0051　東京都千代田区神田神保町2-17
TEL　03(3264)1314(編集)　03(3265)6811(営業)
URL　http://www.yuhikaku.co.jp/

印刷・製本　株式会社 デジタルパブリッシングサービス
URL　http://www.d-pub.co.jp/

AG507

ISBN4-641-91033-2　Printed in Japan